Paris et les librairies
Ayako Pallus

Centre LGBT Paris-ÎdF

3.80
PIMENT DÉCORATIF
LE POT: 6,00 €

METRO

ur
é
esirs

silence
télévision
écritures
a
morale
jeu
femme
vérité
acteurs
mensonges
ceremonie
regards
sons
revolte

パリと本屋さん

パリュスあや子

はじめに

パルスさん。マダム・パリュ。バリュス？

いろいろに間違われて呼ばれるが、特に気にならない。名前にそれほどこだわりがないのだろう。

パリの本屋さんをテーマに自由に書いてほしい——そんな太っ腹なオーダーで「パリと本屋さん」の連載を書かせて頂くようになったのは「山口文子」というライターとして、フランスのマンガ事情をレポートした記事がきっかけだった。

移民として現地での就職活動に苦戦し、英語もできずフランス語レベルも低い自分に落ち込む日々のなか、訪れた本屋についてまさに自由気ままに日本語で文章を連ねているときだけは、私自身もまた自由に羽ばたけるような喜びがあった。「主観抜きで事実のみを」と苦言が入ったこともあるライターの仕事とは異なり、「自由に」書ける幸せを噛み締めていた。その勢いで発作的に小説にまで手を出し、運良く文芸誌の新人賞を受賞したおかげで「パリュスあや子」名義で活動するようにもなった。今も細々ながら日本語を用いて日本と繋がる機会を頂けることに感謝しかない。

さてこの耳慣れない「パリュス」は夫の苗字なのだが、フランスでも珍しいらしく、筆名にちょうどよかろうと至極簡単に決めた。婚前の「山口」という平らかな響きに対し、半濁音の軽さが意外としっくりくる。更に「PALLUS」という名の語源は古いフランス語の「palud（湿地）」だそうで、本質的にじめっとした自分にますますぴったりだ。

連載を単行本にまとめるにあたり、パリュスとして出版する運びとなり、ご挨拶に代えて妙ちきりんな苗字の紹介をさせて頂きました。

とはいえ著者名などはどうでもいいことで、「この本屋さん、おもしろそう」「いつか行ってみたい」……そんなふうに遠くの国の個性的な本屋さんを、あなたのお気に入りの本屋さんのひとつのように身近な存在として心に残してもらえたなら、なによりも嬉しいです。

目次

本書に登場する主な本屋さん

1 — PIPPA

2 — パリ・ジュンク堂書店(リブレリジュンク)

3 — Librairie du Cinéma du Panthéon Cinélittérature

4 — Librairie l'Amour du Noir

5 — Les Mots à la Bouche
＊2020年移転後の店舗

(5') Les Mots à la Bouche(旧店舗)

6 — Artazart

7 — Librairie l'Atelier

8 — Les petits platons

9 — L'Infinie Comédie

10 — Le Roi Lire

11 — Maison de la Presse

12 — Librairie Longtemps

13 — LIBRAIRIE LE PHÉNIX

14 — Librairie Gourmande

15 — TRAM Librairie Café

16 — Librairie Ulysse

17 — Le Genre Urbain

18 — ALBUM COMICS

19 — ALBUM BD

20 — Momie Mangas Paris

21 — HAYAKU SHOP

22 — AAAPOUM BAPOUM/Serpente

＊ 有隣堂・伊勢佐木町本店(横浜)

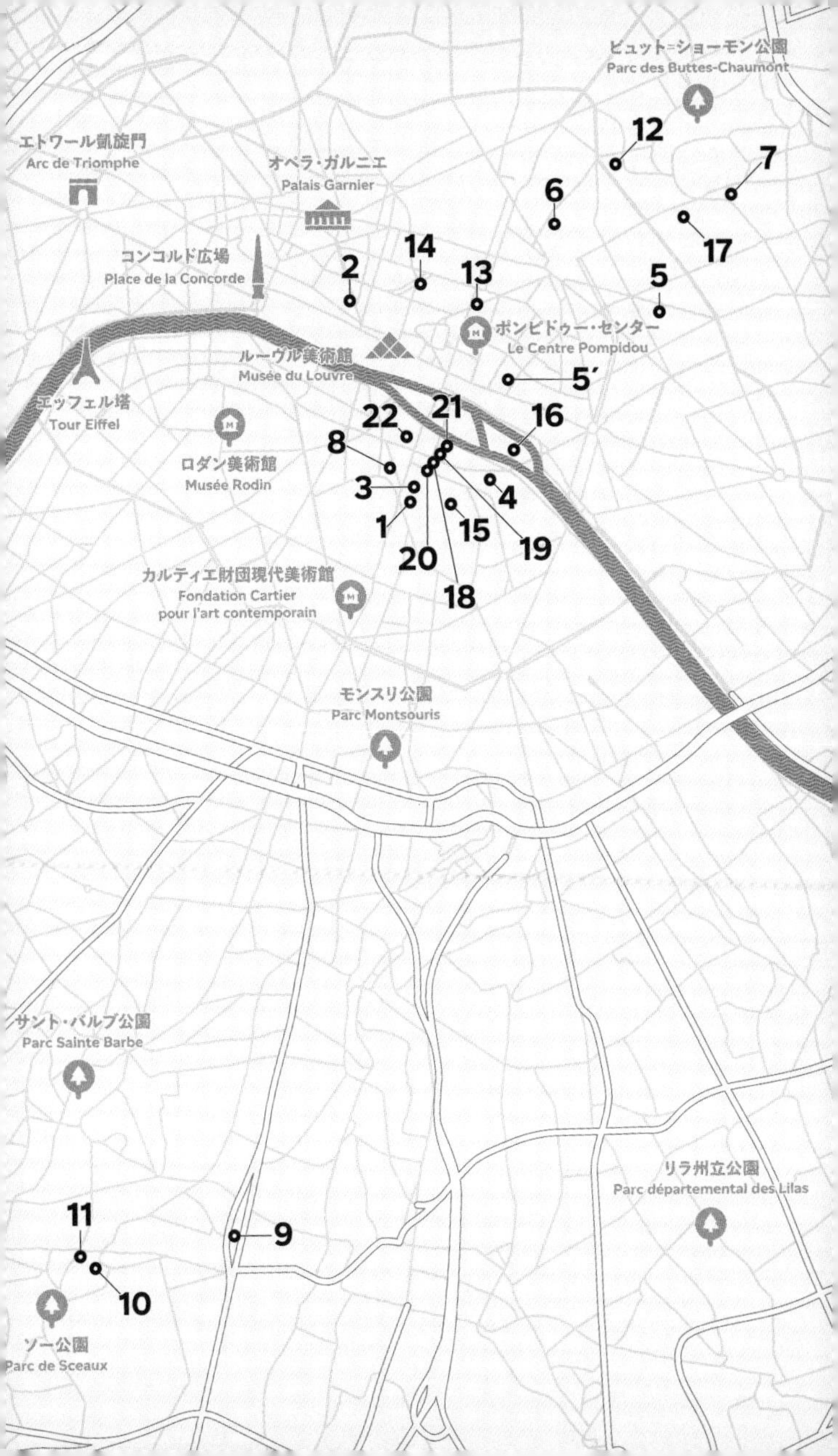
ビュット=ショーモン公園
Parc des Buttes-Chaumont
エトワール凱旋門
Arc de Triomphe
オペラ・ガルニエ
Palais Garnier
コンコルド広場
Place de la Concorde
ポンピドゥー・センター
Le Centre Pompidou
ルーヴル美術館
Musée du Louvre
エッフェル塔
Tour Eiffel
ロダン美術館
Musée Rodin
カルティエ財団現代美術館
Fondation Cartier
pour l'art contemporain
モンスリ公園
Parc Montsouris
サント・バルブ公園
Parc Sainte Barbe
リラ州立公園
Parc départemental des Lilas
ソー公園
Parc de Sceaux
1
2
3
4
5
5′
6
7
8
9
10
11
12
13
14
15
16
17
18
19
20
21
22

パリと本屋さん

「PIPPA」との出会い　2019.5

パリにいると、日本にいたときよりも本を読んでいる人をよく目にする。電車で、カフェで……日本でも携帯やタブレットから電子書籍を読む人は増えているが、フランス人は昔ながらの紙媒体の「本」というモノ自体への愛着が強いと聞く。美意識の問題でもあるだろう。少々値段は高くても、美しい装丁や紙の質感を楽しみ、それを所有する。読む、という体験だけではない。本を巡るトータルの楽しみなのだ。本がプレゼントとして選ばれることの多さからもそれを感じる。

私はクリスマスに、フランス人の夫の両親から『フランス語の熟語と諺１５０』、『フランス語のニュアンス』という本を頂いたことがある。二冊とも実用書らしからぬ洒落た造りである。もっと勉強せよというメッセージがさりげなく込められているわけだが、本を送りあう文化が根付いていることに素直に感動した。私もまた、甥っ子に絵本、義姉には日本のルポルタージュを選んだのだった。

私は二〇一八年の夏に結婚してパリにやってきたが、二〇一五〜六年にもワーキングホリデービザを取得し、約一年暮らしていた。細々と脚本を書きながら、東京国際映画祭の事務局で働いていた当時、フランス人やフランス語圏のゲストが多く来場する現場を目の当たりにして、大学時代に第二外国語で習ったフランス語をもう一度やり直そうと閃いたのだ。

さてビザを手に威勢よくやってきたは良いものの、確固たるプランはなかった。直接の知人もいなかったため、自分で人間関係を広げていく他ない。しかし、しがらみのないまっさらな状態というのはなんとも心地よいものだった。スマートフォンは持っていなかったため、地図を片手に街を歩きまわり、おもしろそうとピンときたことには首を突っ込んだ。そのとき得た大切な出会いのひとつに、赤い外観に羽のマークがかわいい本屋「PIPPA（ピッパ）」がある。

当時は「カルチエ・ラタン」と呼ばれるパリ中心部の屋根裏部屋に住んでいた。ソルボンヌ大学を筆頭に多くの学校が集まる学生街でありながら、観光地としても見どころが多

pippa
librairie
pippa
éditions librairie galerie

く、日本でもなじみ深い文化地区だ。ぶらぶらしながら、本屋に活気があるな、と気付いた。黄色いひさしに黒い文字の「Gibert Jeune（ジベール・ジュンヌ）」、青いひさしに黄色い文字の「Gibert Joseph（ジベール・ジョセフ）」といった大きなチェーン書店はもちろんのこと、小さな個性的な本屋も負けじと頑張っている。映画、写真、マンガといったジャンルで特化した専門店から、中国語、アラブ語……と各言語専門の本屋があることに、さすが人種のるつぼ・パリ、と感心したものだ。英語書籍の専門書店には、絶えず観光客で賑わう「Shakespeare and Company（シェイクスピア・アンド・カンパニー）」という有名店もある。ちなみに日本語書籍は、オペラ地区に「パリ・ジュンク堂書店」があり、一歩足を踏み入れれば日本に戻った感覚を味わえる。

話をPIPPAに戻そう。近所を散歩中、ショーウィンドーに「俳句」、「短歌」という文字を見つけて引き寄せられた。日本語併記の本が並んでいたのだ。少し緊張し

ながら扉をくぐった私を、マダムが「ボンジュール」と笑顔で迎えてくれた。六十代だろうか、黒髪のオカッパに眼鏡をかけており、東洋人にも親しみやすい空気をまとっている。片言のフランス語で、ショーウィンドーの本のことを聞くと、この本屋が独自に出版しているのだという。PIPPAは本の販売に加え出版も行い、絵本、旅行、文学の三つのジャンルでオリジナルシリーズを持つ。文学のなかには日本文学、特に俳句にまつわる本を何冊も出しており、ソルボンヌ大学と提携して俳句と芸術を巡るシンポジウムも開催している。「PIPPA」という店名の由来は「アジアの弦楽器、PIPAから」だそう。フランス語で「琵琶」のことだ。

一階は狭いながらも、マダムがセレクトした本がぎっしりと並び、ポストカードやちょっとした雑貨類も扱っている。地下にもスペースがあり、定期的にPIPPAシリーズで活躍するイラストレーターや写真家の作品の展示会を開いたり、新刊の刊行に合わせてイベントを行っているという。

言葉が拙い私にも辛抱強く誠実に接してくれ、日本文学へ敬意を示してくれたマダム。長年短歌に親しんできた私は、すっかり書店PIPPAとマダムのファンになってしまい、二度目に訪問した際「なにかお手伝いできることはありませんか」と唐突にボランティアスタッフを志願した。マダムは驚きながらも、おそらくは頼りなげな日本人が真剣に切り出したことに応えてあげようという優しさから「では、来週の土曜日にいらっしゃい」と言ってくれた。

フランスではインターンシップ、「stage（スタージュ）」が企業に浸透しており、大学によってはこの職業体験を必須科目としていることもあるらしい。PIPPAでも、出版業界を志している学生を受け入れていて、曜日ごとに違う学生が手伝いに来ていた。私は「stagiaire（スタジエール）」と呼ばれる研修生のアシスタント、といった立ち位置で（学生からしたら外国人相手の仕事がひとつ増えるわけだが）PIPPAにお邪魔することになった。

PIPPAの手伝いの初日、その土曜日はパリ同時多発テロ事件*の翌日となった。在仏日本大使館からパリ市内の施設は全て閉鎖される旨のメールが届いていたので、心配しながら向かった。マダムは「日常生活や経済の営みを止めることは、テロに屈すること」と明言し、普段と同じように店を開いた。

テロの後、帰宅できない人、不安がある人などにむけて、身を寄せる場を提供するという運動「PORTE OUVERTE（開かれた扉）」がすぐさま広がっていた。PIPPAも連帯し、そのスローガンを書店の看板に貼り出した。その日は常連さんたちが訪れては、お互いの無事を確認し合い、テロについて、今後について、語り合っていた。私はフランス語力のなさを痛感してうろうろしているだけだったが、マダムの毅然とした姿勢にどれだけ勇気付けられたかわからない（余談になるが、この日の会話のなかで「KAMIKAZE（神風）」という単語が聞こえてくる度にドキッとした。フランスでは自爆テロをさす一般的な単語として用いられているのだ。他意がないことがわかっているぶん考えさせられ、未だに忘れがたい）。

小さな個人書店の場合、店主の人柄や方針が、そのまま店のカラーになる。フランスの全ての本屋がそうであるかはわからないが、PIPPAは単なる「本を売っている店」ではなく「人が繋がる場・憩える場」であると強く感じている。

マダムの愛情深さは、私を受け入れてくれたことからもわかるが、例えば毎日ふらっとやってくる男性に、いつも笑顔で「元気？」とコーヒーを入れて渡してあげる。彼は「メルシー」と去っていく……彼はホームレスで、本を買うことはない。でも大切な「常連さん」の一人なのだ。こんなエピソードが他にもいくつもある。

接客に関しても、とても丁寧だ。マダムのみならず、スタージュ生も一人ひとりの意向をしっかり聞きとり、プレゼントの希望などがあれば、贈る相手にぴったりのものを探そうと親身にアドバイスをしてくれる。PIPPAの末端として勝手に誇らしく思ったものだが、実はこれは他の本屋に行っても感じられた。なにか尋ねれば「客と店員」という杓子定規の対応ではなく「人と人」の会話が生まれる、というのだろうか。冗談を挟んで笑いあったり、よそよそしさや慌ただしさがない。書店員さんはこの仕事や本を好きなんだろうな、と同時に伝わってきてあたたかな気持ちにさせてくれる。

フランスらしいことと言えば、コーヒーを飲みながら作者と語り合うイベントなども挙げられるだろう。フランス人の議論好きは有名だが、それは本当だ。日本で活躍されているフランス出身の俳人・マブソン青眼氏はPIPPAから句集や著書を多く出されており、とある本の日本語パートの校正を手伝ったご縁からトークイベントに参加したことがあるが、鋭い意見が飛び交っていて内心たじたじであった。しかし本音でぶつかり合った後は、お菓子をつまみながらまた談笑が始まり、参加者同士でも仲良くなったりしている。当たり前のように予定時間はオーバーし、長い時間をかけて心ゆくまで話すのもフランス流だ。

日本でPIPPAのような個人書店に近い形態はなんだろうと考えてみると、個人経営のカフェやバーに似ているかもしれない。お茶やお酒を飲む楽しみはもちろんのこと、そこに行けばいつもマスターやマダムが迎えてくれるという安心感。そこでの会話や、他のお客さんと知り合う喜びもある。

私がワーホリ滞在を終えて帰国する際には「いつでも戻っておいで」と送り出してくれた。そして再来仏した今回も、マダムは変わらぬ笑顔で「おかえり！」と迎え入れてくれたのだった。なんとPIPPAはパンテオンの近くという好立地に移転して、コンセプトや一階・地階の造りはそのまま、お店自体が少し広くなってパワーアップしていた。

マダムと本の蜜月は、マダムの人生そのものだ。ソルボンヌ在学中の二十一歳の頃、既に小さな書店を開いていたのだという。その後、国際的な出版グループで三十年ほどキャリアを積み、もう一度ゼロから自分の愛する・愛される書店を開こうと決意。二〇〇六年からPIPPAをオープンさせた。

フランスでも、本を購入する際はAmazonでネット注文したり、本屋ではなくFnac（フナック＝本やCD、電化製品など様々な商品を扱う大型チェーン店）に行くという人も増えてきているなか、人のぬくもりと夢のある個人書店の底力を目の当たりにしてとても嬉しい。

自分の居場所になりえる本屋……そんな素敵な出会いが日本にもたくさんあればと願っている。

＊二〇一五年十一月十三日にパリ市内、郊外商業施設にて、銃撃や爆発が同時多発的に発生し、百三十名の死亡者、多くの負傷者が出た事件。

垂直と水平　*2019.8*

パリの中心部、五区・六区にまたがるカルチェ・ラタンと呼ばれて名高い文化地区は、意外と高低差のある一帯でもある。石畳にレストランが立ち並ぶ、いわゆるパリらしい風景が人気のサンミッシェルから大通りを上がっていくと、左手の一段と小高くなって開けた広場に、突如という感じでギリシャ風の神殿が現れる。白い柱とドームが美しい、この威圧的でさえある建物はいったい?と、知識ゼロでパリに飛び込んだばかりの私は、ぽかんとしたものだった。後日、友達との会話の流れで「かの有名なパンテオン」であるらしいことがわかったのだが、パンテオンとはいったい?と、内心思っていた。さすがに基礎知識であろうことには自分でも気付いていたので、後からこっそり調べると、フランスの偉人たちを埋葬した、ある種の墓地ともいえる神殿であった。「パンテオン」という言葉を辿ると、古代にいきつく。ギリシャ人やローマ人たちは彼らの神のために神殿を作り祀っていたが、全ての神々を祀る神殿のことを「パンテオン」と呼んでいたらしい。日本語では「万神殿」と訳すらしいが、なるほどそこから来ていたのかと納得。

毎月第一日曜日はフランスの多くの美術館や博物館、歴史的モニュメントが無料になる。繁忙期には通常営業の施設も多いので注意して頂きたいが、二〇一六年の真冬、静かなパンテオンにこの機会を利用して訪れた。

天井が高く、吹き抜けのような広いホールの真ん中には、金色に輝く美しい振り子が吊るされている。フーコーが振り子の実験をした場所でもあるのだ。現在もゆるやかに動いている球体を前に、歴史に思いを馳せる。地下が納骨堂となっており、私ですら聞いたことのある作家や学者、政治家の名に出くわす。ヴィクトル・ユーゴーも、アレクサンドル・デュマも、エミール・ゾラも、『レ・ミゼラブル』や『三銃士』や『ナナ』という「本」、しかも「古典」という意識でしか出会ったことがなかった。この棺のなかに、生きた肉体として手を動かし、あの本を書いた作家が眠っている……実に不思議な感覚だった。

パンテオンを出て、そのまま道なりに視線をまっすぐ遠くへと飛ばすと、エッフェル塔が見える。パンテオンが丘の頂上に位置し、周囲に視線を遮るものがないためか、両者が向かい合っているような感覚に陥る。この風景は穴場であると密かに確信しているので、パリを訪れた際には是非足をお運び頂きたい。

ところで建設当時、エッフェル塔は奇抜すぎると散々批判されたが、抗議した著名人のなかに、アレクサンドル・デュマと同名の小説家でもある息子、アレクサンドル・デュマ・フィス（fils＝「息子」の意。英語名でいうところのJr.）がいたと知った。自分の父が二〇〇二年の生誕二百周年を期に、この〈醜悪な〉エッフェル塔を臨むパンテオンに祀られることになるとは、夢にも思わなかっただろう。

さて、パンテオンを背に広場をくだって行けば、リュクサンブール公園に到着するのだが、その少し手前でまた左手に折れる。細い道に並ぶ建物のひとつからブックマークが飛び出しているように赤い羽のマークの看板が見えるだろう。そこが私の愛してやまない小さな本屋「PIPPA（ピッパ）」である。

マダムから「元気？　コーヒーでも飲みに来たら？」とお声がかかったタイミングが、ちょうどPIPPAを紹介した前号『H.A.Bノ冊子／第二号』（本連載の掲載誌）が届いた直後だったこともあり、いそいそと出かけてお渡しすることに。マダムは小さな本屋の購入特典という冊子のコンセプトに「素敵ね！」と頷き、日本のユニークな個人書店との「誌面の絆」をいたく喜んでくれた。フランス人はお互いの頬を触れ合わせ、チュッチュッと唇を付けずに音をたてる「ビズ」というキスを日常的に使う。その文化の存在を知ってはいたが、実際に老若男女問わず「初めまして」にも「こんにちは」にも、チュッチュッとしているのを目の当たりにすると驚いた。いざ自分がするとなると妙にぎこちなくなり、やはり戸惑ったものだ。今も慣れているとは言い難いが、マダムが冊子を手に、熱いビズ！をくれて、素直に嬉しかった。

PIPPAには常にインターン研修生のスタジエールがいるのだが、この日は新しい中国人の女の子がいた。ソルボンヌ大学で文学を学んでいるらしい。入学前にもパリでフランス語を学んでいて、当時の語学学校では日本人の友達もできたという。日

本語も少しだけ話せる。何気なく冊子をめくって、私の名前「文子《あやこ》」を指さして「私の名前と同じ漢字！」という。彼女の名前は「文秋」。「秋」は姉の名前に使っている漢字ではないか。フランスではアルファベット表記なので、名前に込められた意味などを語ることはあっても、漢字で盛り上がったのは初めての経験だ。すっかり仲良くなってしまった。

漢字についてはPIPPAで仕事をさせてもらった際に、地味に苦労した覚えがある。日常生活においては、常用漢字の二一三六字を知っていれば、大抵どうにかなる。しかし「斉」藤さん、だと思っていた人が、実は「斎」藤さんだったり「齋」藤さんだった、という経験は誰にでもあるのではないだろうか。こうした旧字体や、難読漢字と呼ばれる、あまり馴染みのないものも含めると大変な数になるだろう。試しに「漢字辞典オンライン」を見ると、二〇二三年七月時点の収録漢字数は「27693」とある。日本語話者でも適切に操れるか怪しい漢字を、日本語を知らない人が使おうというのがいかに厄介なことか。むしろ無謀に近い。

PIPPAは俳句関連の書物を多く出しており、日仏語併記で出版することも少なくない。

以前からその校正をしている際、なぜ旧字体が混じっているのかと不思議に思うことがあった。最近、俳句のエスプリで書いたというフランス語の短詩の翻訳を頼まれ、辞書とにらめっこしながら、言葉遊びの翻訳の難しさに頭を抱えた。どうにかWordとPDFそれぞれで日本語にした文章を納品したのだが、あがってきた校正は、ところどころ旧字体や似ているけれど異なる、おそらく日本では用いない中国の漢字になっている。どうやら編集担当の方のパソコンが日本の書式とは異なるらしく、自動で置き換えられているらしい。しかし、それを正そうとしてもうまく伝わらない。運良く担当者がノートパソコンを抱えてやってきたところに出くわしたため、こちらで変換して差し替え指示をすることで難を逃れた。

日本人が校正をしていなかったときは、どうしていたのだろうかと勝手に心配になるが、はたと気付く。もともと日仏語併記で、日本語部分を読む人というのは、日本人または日本語に長けている読者。となれば、多少の間違いくらい読み流せてしまうわけだ。日本語を勉強している外国人からしたら、少しでも漢字が異なれば「これは違う意味なのでは？」と心配になってしまうかもしれないが、日本語話者なら旧字体でも、形の近い中国の漢字でも、意味を拾って理解できるのだから、そこまで細かく校正をする必要がなかったのかもしれない。

ずいぶんとゆるい観念のようにも感じるが、考えてみれば日本でもフランス語を店名に掲げたオシャレなレストランやパティスリーは数え切れず、ちょっとしたデザインとして仏文があしらわれた小物や洋服も巷に溢れている。そしてかなりイイカゲンなのである。「papillon（蝶）」の「l」がひとつ抜けていたり、女性名詞の頭につく定冠詞の「la」が、男性名詞の「le」になっているくらいは当たり前だ。そしてそれでも意味は取れるし、あまり問題にならないというのが現実ではないだろうか。

そっか、いいんだ。自分のなかで腑に落ちてしまうと、目にする少し頓珍漢なフランス語さえ愛おしく思えてくるから不思議だ。

最後に、今回の校正でビックリしたことをもうひとつ。いま皆さんが目で追っている文章は「縦書き」。フランスでは「écriture verticale（エクリテュール・ヴェルティカル）」、横書きは「écriture horizontale（エクリテュール・オリゾンタル）」という。それぞれ直訳すれば「垂直書き」と「水平書き」となり、英語でも同じ言い方をする。この垂直書きはアルファベット表記と相性が良くないので、欧米ではほとんど目にすることがないだろう。例えば本の背表紙は縦長だが、文字が寝ていて左から右に読むのが普通だ。「カード」という単語が、校正で「カード」になって戻ってきたとき、一瞬何が起きたのかと目を疑った。「伸ばす方向は水平ではなく、垂直だよ」と、しみじみ文化の違いを感じながら訂正したのだった。秋には無事に書店に並ぶことを願いつつ……

映画祭と空き巣　*2019.11*

パリの本屋で知り合って、今も仲良くして頂いている方が数名いる。とはいえ、ただ本を探している客同士では、言葉を交わすことはあってもそれ以上踏み込むことはまずなく、本屋で開催されたイベントなどの機会から親しくなった方ばかりだ。そのひとつが「Librairie du Cinéma du Panthéon Cinélittérature（リブレリ・デュ・シネマ・デュ・パンテオン・シネリテラテュール）」という、その名の通り「映画文学」専門書店でのソワレだった。

パリに着いて一ヶ月が過ぎた十月半ばに「日本映画に関する本の出版記念トークショーがあるから、興味があればどう？」とAさんからお誘いがあった。旧職場の映画祭事務所の同僚が、知人のいないパリに旅立つ私を心配して紹介してくれたのがAさんで、彼女は私が事務所に入る直前にパリに引越していた。働いていた時期がずれていたため面識はなかったが、映画プロデューサーとしてもキャリアがあり、映画制作に携わる共通の知人も多く、すぐに打ち解けられた。年上ではあるが、今もお会いする度になんとかわいらしい人かとほんわりする。しかし芯の強さがあり、フランスで生きる上の心構えというか、指針を示してくれた一人だ。

さて当日の夜、ふらふらとその本屋に行ってみるとAさんはまだ来ていなかった。店内を見回すと映画好きなら次から次へと手を伸ばしたくなる本ばかりで、往年の欧米スターのフォトカードや映画ポスターなども売られており、眺めているだけでも楽しい。

やがて横に広い造りのレジ横スペースで十数人の聴衆を前にトークショーが始まった。興味深い内容なのだろうが、フランス人著者によるフランス語での日本映画談義は全くわからず「KUROSAWA（黒澤）」や「OZU（小津）」といった監督の名前くらいしか聞き取れない。なんとも心細い気持ちになりつつ、とりあえず神妙な顔で頷いたりしていた。質疑応答が行われた後は、カクテルタイム。参加者たちはワイン片手に顔を突き合わせ熱っぽく語っているが、私は所在無くAさんを待っている形だった。

そのとき私の他にもう一人いた日本人の女性、Mさんが話しかけてくれた。パリで開催している日本映画祭の運営の手伝いをしているという。映画祭と聞いて嬉しくなってしまい、話が盛り上がった。そうこうしているうちにAさんもやってきて、そこにフランス人も加わり、わいわいと夜更けまで盛り上がったのだった。

こうして知り合ったMさんは、実はご近所に住んでいることが判明。映画祭にも遊びに行き「またお茶でも」なんて平和な話をしていたのだが、その年の十二月頭に個人的大惨事が起こった。

クリスマスマーケットで有名なストラスブールを旅して、大満足でるんるん帰宅すると、玄関がぶち破られていた。当時は古いアパルトマンの屋根裏部屋に住んでいたのだが、大柄な人なら背をかがめなくては入れないような小さなドアに、映画の強盗シーンでしかお目にかかれないような巨大な穴が開いていた。あまりに現実感がなく、思わず独りで「本当に？」と口走っていたが、大破したドアからは木くずが飛び散り、開け閉めできるような状況ですらなく、穴から覗く自分の暗い部屋を見た瞬間に心臓がきゅうっと縮まった。おそらく人生史上五本の指に入るであろう信じがたい光景だった。

明らかな空き巣のため警察の後には鑑識がやってきて、ほわほわとしたものをぽんぽんとさせ指紋を取っていった。このシーンも現実で目の当たりにしたのは初めての経験であった。それからようやくドアの修理屋もやってきたのだが、十二月に入ると街の人々は皆「クリスマスヴァカンス」で浮き足立っている。穴の上からベニヤ板を張って「来年、ちゃんと直すね」と早々に仕事納めでいなくなってしまった。「今、ちゃんと直してくれ」と懇願できなかった自分の弱さよ……このときほどフランス人のヴァカンス気質を恨んだことはない。

そんな寒々とした気持ちで落ち着かぬ日々を過ごしていたとき、避難所としてMさんのお宅に度々お邪魔するようになり、ある種の必然で仲良くなってしまった。Mさんのなかで私は「フランスに来てすぐ家を破壊され空き巣にあった人」というアンラッキーな印象が強いらしく、今でもなにかと気にかけてくれ親切にしてもらって恐縮である。

盗まれたもので最も痛手だったのはノートパソコンで、当時スマホを持っていなかった私は一切ネットが使えない状況に陥ってしまったのだが、新たにパソコンを購入するまでMさんの家でネットを使わせてもらったり、件の映画ソワレで知り合った日本映画フリークのフランス人が旧型Windowsを貸してくれたりもした。あの夜の本屋の出会いに感謝しかない。

この話には後日談がある。翌年二月、見知らぬ電話番号から着信があり訝しんでいると警察だった。犯人が捕まったと知らされたのだが「普通、捕まらないよ。運がイイね！」と明るい口調で言われて脱力した。プロの空き巣で一年半で五十件以上の盗みを働いていたとか。しかしもちろん、私のMacが戻ってくることはなかったし、弁護士を雇って訴訟を起こすこともしなかった。

空き巣があって良かったとは決して言わないが、その後の全ての経験をトータルで振り返ると、辛い思い以上にあたたかい気持ちになったことのほうが多かったように感じる。外出中に家のことが気になってしまうという後遺症が残ったものの、この事件ではつくづく人の優しさが染みた。知り合って間もないにもかかわらず、同じ日本人というほぼ一点のみで多くの方に助けて頂き「海外暮らしは何が起きるかわからない。お互いさまだよ」と励ましてもらったことは忘れられない。

Mさんのように、これをきっかけに急速に仲良くなった方もいる。「壊れたアパルトマンで年越しは寂しいから、我が家においでよ」と呼んでくれた女性の家で、海外では材料を揃えるのも大変なお節をご馳走になった。かまぼこも手作りという凝りようだ。異国暮らしが長いと日本食への欲求が高まるそうで、とはいえどんなに頑張って用意しても、フランス人の旦那さんも日仏ダブルの子供たちも、日本の伝統的正月メニューより、クロワッサンにホットショコラを所望するので作り甲斐がない、喜んでくれる人がいて嬉しい、と笑っていた。

話は戻り、映画関係の本屋をもうひとつご紹介しておきたい。最近になって初めて訪れた「Librairie l'Amour du Noir（リブレリ・ラムール・デュ・ノワール）」というサブカル系の古本屋がとてもおもしろかった。「ノワール」とはフランス語で「黒」。映画には「フィルムノワール」というジャンルがあり、主にモノクロでトーンの暗い犯罪映画を指すが（ちなみに一九四一年のアメリカ映画『マルタの鷹』が元祖フィルムノワールと呼ばれているらしい）、犯罪小説やハードボイルド小説、ミステリー小説からＳＦまで幅広く「暗黒世界」が堪能できる。

狭い間口で一見入りにくいが、窓ガラスに描かれた本屋のロゴがマンガのキャラクターのようでかわいい。目つきの悪い男がトレンチコートに身を包み、帽子を目深にかぶってこちらに銃を向けているのだが、背後にはUFOが飛んでいて間が抜けている。ノワールから連想されるキーワードを全て詰め込んでみた！という感じが微笑ましい。

ぎっしりと詰まった本棚の上にできた僅かな隙間すら埋めるように、床から天井まで本でぎゅうぎゅうに埋められた店内は、不思議と心が落ちつく。床積みの本の雑然とした感じも含め、神田の古本屋を彷彿とさせるのだった。

とにかく感動したのは、映画雑誌の品揃えが素晴らしいこと。かの有名な『Cahiers du Cinéma（カイエ・デュ・シネマ）』（一九五一年創刊）はもちろん、『L'Écran Fantastique（レクラン・ファンタスティック）』（一九六九年創刊）といった歴史ある映画雑誌のバックナンバーが豊富に、しかも安価に並んでいる。

映画好きの友達の誕生日に、生まれ年、生まれ月の映画雑誌を贈ろうと閃いた。一九八五年の九月号『Positif（ポジティフ）』（一九五二年創刊）を発見、五ユーロ也。フィルムに包まれているので中は見られないが、表紙には「フェリーニ」、「ヴィスコンティ」とイタリアの巨匠の名と共に「イーストウッド」ともあり軽い衝撃を受けた。俳優としてキャリアをスタートさせ、後に監督に挑戦して最も成功した人物がクリント・イーストウッドだと思うが、改めて調べてみると、監督業は実に一九七一年から始まっているのだ。

映画史に思いを馳せつつ、雑誌を購入する。白髪を長く伸ばして後ろでまとめ、丸眼鏡をかけたレジの男性（まるでノワール文学の登場人物のよう）に「こうした古本は貴重だと思うが、定期的に仕入れることが可能なのか」と聞いてみると、店の常連やノワールマニアがいるようで、流動的だが情報も現物も入ってくるようだ。二〇一二年二月に、店名通り「ノワール愛」から始まったお店だとも伺った。

映画好きの友達へのプレゼントは、ここで古本を探すのが定番となりそうだ。

同性愛と美食　2020.3

フランスではギャラリーや美術館などの展覧会前日、または初日に「ヴェルニサージュ」というカクテルパーティーが開かれるのが常だ。私もたまに知人に声をかけてもらい顔を出すことがあり、初対面の方ともおしゃべりを楽しんだりする。あるとき友達の友達であるフランス人男性が、一緒に来ていた人を「僕の彼氏」と紹介してくれた。二人ともそっくりの風貌で、兄弟だろうと独り合点していたが、仲睦まじい様子が微笑ましかった。よく「夫婦は似てくる」というが、通じ合った二人が似てくるのは当然のことかもしれない。

こうして初めて知りあった同性カップルはアート界隈の人だったが、パリでは決して珍しいことではない。同性の恋人と暮らしている友達もいるし、今日もアジア系と西欧系の男性カップルが満員の電車内で腕を取り合い、お互いを支えるように立っている姿を見かけた。

ポンピドゥーセンターの東側、パリ中心部のマレ地区には、若者向けの尖ったファッションの店や大小多くのギャラリー、話題のカフェやレストランも犇《ひし》めき、古き良きパリというよりは「いま」を感じられるオシャレなお店が多い。そしてゲイの集う店が多いことでも有名だ。

このカルチエに、パリで最も古いゲイ専門書店があると聞き、本屋のサイトを覗いてみた。探したい本のカテゴリを選ぶと、更に「ゲイ向け」「レズビアン向け」「トランスジェンダー向け」「一般向け」と細分化して検索を進めるようになっている。

法学者として大企業で働いていた同性愛者のジャン＝ピエール・マイヤー＝ゲントンが、一九八〇年にパリ十八区に開業した店舗が前身にあたるようだ。今の四区に引越したのは一九八三年らしい。仕事に退屈していた彼は、親の遺産相続後、社会的意義のある起業をと考え、同性愛をテーマにした書店を作ることに決めた。「交流と対話のために、全ての人に開かれた場でなくてはいけない」と、本屋でありながら喫茶店やレストランでもあるという革新的な戦略を打ち出したというから驚きだ。残念ながらこの〈Aventure gastronomico-littéraire（美食文学の冒険）〉スタイルは数か月しか続かなかったそうで、時代の先を行きすぎていたのかもしれない。ただ本屋の名前「Les Mots à la Bouche（レ・モ・ア・ラ・ブッシュ）」は変わることなく、その精神を今に伝えている。

　店名を直訳すれば「口に運ぶ言葉」とでも言えそうだが「avoir l'eau à la bouche（アヴォワール・ロ・ア・ラ・ブッシュ）」という「（おいしそうで）口につばがわく」、「好奇心をそそられる」という慣用句や、「おたまいっぱい＝たっぷり」という意味の表現「à la louche（ア・ラ・ルッシュ）」にも掛けた命名だろう。おいしく知的な言葉遊びが詰まっているようだ。

　昨年の秋頃、映画館からの帰りにフランス人の友達を誘ってこの本屋を訪れた。観光客で賑わい、すれ違う人たちの会話が英語であることも多い一角。近くでアイスを買って食べ歩きしたこともあるのに、青い洒

落ちた外観のこの書店を「観光客向けの店」と断定し全く気に留めていなかった。人通りが多い場所にはあまり長居しない性格もあり、いつも足早に通り過ぎていたのだ。

ドアを押し開いたとき、冷やかしと思われるだろうかと一瞬躊躇したが、友達は全く気負わずに足を踏み入れた（こういうとき自分が嫌になるものだ……）。明るくオシャレな雑貨屋さんのような雰囲気で、入ってすぐ左手は、透明ビニールに包まれた雑誌コーナーだった。数冊の表紙にはモザイク処理のようにシールが貼られ、モデルの一部を隠してある。ずらりと並んだ男性ポルノ誌がまずお客さんの目に飛び込んでくるわけだが、日本のように「成人向け」といった文言で棚を囲っているようなことはなかったと思う。

しかしLGBTや性を扱った書籍ばかりが並んでいるというわけでもなかった。例えば文学の棚には幾人か作家の名が貼られたコーナーができており、これはどういう基準なのだろうと眺めていたところ「Proust（マルセル・プルースト）」の名を見つけた。やはり著名な同性愛者の作家をピックアップしているのだろうか。だが「Mishima（三島由紀夫）」の名を見つけ「むむっ」と複雑な気持ちになっていると、次は「Murakami（村上春樹）」の名もあって「おや」となる。結局お店のオススメの作家ということだろうか。

レジ前の平棚には薄くて軽いガイドブックが積まれ、フランスのみならず日本の紹介本なども並んでいた。本屋にはよくポストカードが売っているものだが、マッチョな男性のイラストカードや、起毛のヒョウ柄カードなど、なかなかお目にかかれないチョイスでおもしろい。

お客さんは場所柄、観光がてら「ちょっと覗いてみた」という雰囲気の人も多い。前知識がないと面食らうかもしれないが、閉じた秘密主義的なところは一切なく、どんな人もウェルカムのオープンさがある。ここにも創業者マイヤー＝ゲントン氏の志が受け継がれているのかもしれない。店員さんも素朴な雰囲気の好青年。

対照的に、例えば黒革ホットパンツ×半裸に近い格好のお兄さんが筋肉美を見せつけ接客をするバーガー屋など、マレ地区には店側も客側も積極的にゲイタウンを楽しもう！という姿勢を打ち出す店も多い。いずれにせよ、開かれた明るさを感じる。

だが細い螺旋階段で書店の地下へ降りると、もっと籠ったひっそりとした空気が満ちている。写真集やデザインブックなど、大判の本をメインにしたアート要素の強いフロアだ。壁にはイラストが展示されていたりと、ミニギャラリーを兼ねているのだろう。中国で独自の世界観でヌードを中心に撮影していたレン・ハンの写真集を眺め、日本のヤクザのルポルタージュ・フォトブックとでも呼べそうな本を開いてみると、指のない手や背中一面の刺青が目に飛び込んでくる。狭い密室空間というのも手伝ってか、なんとなく声高に話をすることはためらわれ、友達と話すときも妙に声を殺しながら、ちょっと過激な本を見て歩いた。

DVDコーナーもあり、二〇一八年個人的に最も感動したベルギー映画「Girl」（性同一障害の少年がプリマになるべくバレエ学校に通い出すのだが、ジャンルとしてはスポ根にもLGBTにもくくれない、まさに「少女」の成長を描いた青春映画）もあれば、男性ポルノもモザイクなしで堂々と並んでいる。この地下空間は好みが分かれるかもしれない。

専門書店でありながら、はっきりとしたお目当ての本を探しに来た人も、ふらりと遊びに来た人も、垣根なく迎え入れて満足させてくれるというのはすごいことだと思う。それが街の中心部に存在し続けているというのなら、なおさらだ。

書店を出て、駅までの短い距離を友達と話しながら歩いた。フランスには同性愛者が特別多いのだろうか？　いや、オープンにしている人が多いだけで、どこの国でも実際にはさほど変わらないはずだ――

会話の後、日本でたった一度だけ会った人のことを思い出していた。私はその人が同性愛者であることを、それを隠してはいるが恋人を探しているらしいことを、思わぬきっかけで知ったのだった。その人のきびきびとした動きが美しかったことを、今でもよく覚えている。

＊「Les Mots à la Bouche」は二〇二〇年、マレ地区の地価高騰に伴いパリ十一区に移転。カジュアルなレストランやバーが集うオベルカンフ地区の近くにあり、爽やかな青い外観と地下のアートコーナーも変わらず健在。なお、写真は移転後のもの。

ストライキとアート　2020.2

二〇一九年十二月五日、フランスの年金改革に抗議する、無期限の大規模ストが起きた。郵便局や病院、警察といった公的機関も勤務時間を減らし、メトロやバス、列車などの交通網はほぼ麻痺。車と自転車と、トロティネットと呼ばれるキックボードが道に溢れ、怒号も飛び交った。キリスト教徒にとって一年で最も大切なイベントであるクリスマスも、例年ほど華やいだ雰囲気ではなく、なにか寂しく殺伐とした空気を感じながら年を越した。

私はパリの北東、パリをぐるりと取り巻くペリフェリックという外環状道路の近くに住んでいるため、中心部に出るのは本当に大変だった。毎日数本だけ動いているはずのバスを確かめて家を出ても、そのバスが結局来なかったり、来ても満員で乗れず、往復三時間歩くといったことは当たり前だった。幸いなことに、主に自宅で映像編集の仕事をしており、撮影の仕事以外では外出する必要はない。連日通勤に苦労している友人の話を聞くと、愚痴も言っていられない、と自らを励ましながら黙々と歩いていた。
最終的に約二ヶ月続いた交通ストの間、かなり動きが制限されストレスがたまったが、いくつかの散歩ルートを確立した。そのひとつが、ビュット＝ショーモン公園を抜け、サンマルタン運河沿いを歩くというものだ。

この運河沿いに、ひときわ目立つ赤い平べったい倉庫のような建物「Artazart（アルタザール）」がある。短い店名に「Art」が二回繰り返されるように、グラフィック、デザイン、写真といったアート関連の本が取り揃えられた本屋だ。日曜やヴァカンスには閉まるお店も多いフランスでは珍しく、年間三百六十三日開いている。ちなみにお休みの日は元日と十二月二十五日（クリスマス）とのこと。美術館内にあるブティックに並んでいそうな洒落た文具や小物なども扱ってお

り、ハイセンスなプレゼントを探すのにはもってこいだ。

オススメの本屋さんを紹介するネット記事で、この書店は「世界の最先端がわかるセレクション」と書かれていたが、日本発のグラフィック本、デザイン本もかなり並んでいて驚いた。日本特集を組んだ棚というわけではない。ここではなによりアートワーク自体が大切であり、日本語が読めるかというのは関係ないのだろう。勝手にちょっと誇らしい気持ちになる。

一九九九年にカール・ユグナン氏が、グラフィックデザイン専門書店「Graphivore（グラフィヴォア）」をweb上に開設したのが、全ての始まりだという。それからすぐにジェローム・フルネル氏が運営に加わるも経営は厳しく、自分たちのやりたいことを十分にできる環境にないとして、このネット上の書店を支えるために「物質的な」空間を作ることに決めたのだという。街の本屋→web販売も開始、という通常の流れとは逆であるのが興味深い。

二〇〇〇年の七月に、フランスの犯罪者ジャック・メスリーヌの愛人の一人だったという女性が経営していた靴製作所の跡地に「Artazart」書店を構えることとなった。ちなみにメスリーヌの生涯は、ヴァンサン・カッセル主演で『ジャック・メスリーヌ　フランスで社会の敵№1と呼ばれた男』という伝記映画にもなっている。フランス語版のWikipédiaを参照すると「千の顔をもつ男」と呼ばれ、本人は否定したが「フランスのロビン・フッド」というあだ名もあったそうだ。メスリーヌは自らを「Le Grand」、つまり「ビッグ」＝偉大な男、といったふうに名乗っていたらしい。

話を戻す。現実空間としての書店を作り始めたカールとジェローム両氏は、グラフィックに限らず、写真やデザイン、都市アートにも興味を持ち始めた。書店にギャラリーを併設し、パリで唯一（という公式HPの文句には少し疑問が残るも）作品を無料で展示できるようにする。過去にはフォトコンテストなども開催していたらしい。

この書店で注目したいのは、ここでしか買えないという数量限定のアート作品、イラストだ。販売にも力を入れているようで、至る所に飾られている。風景であったり、植物や食べ物であったり、どれも主張が強すぎないながら、斬新な切り口があり「あら素敵」と心惹かれるものばかり。アーティストのサイン付き、作品によってはナンバリングもされているわりには、A4サイズは二十五ユーロから、A3は三十ユーロからとお値段もお手頃だ。アーティスティックかつ日常を邪魔しない暖かさをもったイラストで、つい購入して飾りたくなる。気になる何枚かを手にして、季節ごとに変えてもいいなぁと夢想する。

フランスに住む方々のお家にお招き頂くようになって気付いたのは、どんなお家でも（例えばあまり広くないアパートなどでも）絵や写真など、きちんと額に入れた作品を飾って楽しむ人が多いことで、アートが身近なものなのだなと感じている。もちろん日本にもそのような人は多いのかもしれないが、私自身は日本で暮らしていたときは「好きな作品を飾り、愛でる」といった余裕を持っていなかった。友達の家にも絵などが飾ってあるということはほとんどなかったと思う。

ところで、家にアートを飾るとしたらどんな作品が良いか、皆さんは指針をお持ちだろうか。雰囲気が良いもの、明るい気持ちになれるもの、落ち着ける美しいもの——好みは人それぞれということはよくわかっているつもりだが、友達・知人宅を訪れて「なぜこれを家に置くことにしたんだろう？」と首をかしげてしまうことが時々ある。苦しげに呻いているブロンズの頭部だとか、蛍光ピンクで目がチカチカする大判グラフィックなど……

だが不思議なもので「素敵だなぁ」と惚れ惚れするような作品よりも、自分の趣味からかけ離れた作品に出迎えられたときのほうが強く印象に残っていたりする。

自分自身を振り返ると、かつては我がカンシキガンでスバラシイ！と見出した個人作家の作品などを所有してみたいと思ったものだが、Artazartをうろうろしていると、一点モノや芸術価値にこだわるというよりは、その時々の気分で変えられるような気軽なアートのほうが自分には合っているのかもしれないと感じる。

いま住んでいる狭いアパルトマンの壁は、既にパートナーが選んだ写真やリトグラフ、ポスターでぎゅうぎゅうなのだが、室内装飾の趣味は合うようでホッとしている。

――マンガとバンドデシネ専門店インタビュー

ワーキングホリデービザでパリに暮らしていた二〇一五〜六年。どんな小さな本屋でも当たり前のように日本のマンガが「MANGA」として、フランスやベルギーのマンガである「バンドデシネ（BD）」と共に並んでいることに感動した。

私はフランスに渡る以前、〈マンガを介してコミュニケーションを生み出す〉という目的で結成されたユニット「マンガナイト」（現・一般社団法人マンガナイト）の一員として活動していた。活動といっても、時間があるときにイベントを手伝ったり、マンガに関する記事を書くといった程度。たまにメンバーで集まっておすすめマンガを紹介しあうこともあり、多岐にわたる職業の大人たちが「マンガ愛」の一点でゆるく繋がっているのが心地よかった。ガツガツセカセカした空気の一切ない「マンガナイト」という場は、私にとって『ドラえもん』に登場する土管のある空き地のような感覚だった。そこに行けば誰かがいて楽しそうなことをしている。一緒に遊んでも遊ばなくてもいい。私は主要メンバーではなく、『ドラえもん』でいえばジャイ子……いや、安雄かはる夫並みのレアキャラではあったが、ユニットの長・Y氏は四次元ポケット的な包容力があり「パリにいる間に、フランスのマンガ事情について書いてみたい」と申し出たところ、自由に記事を書かせてくれた。

少し古くなるが、当時の記事から「パリの個性的なマンガ・バンドデシネ専門店：おすすめ三選」を抜粋修正してお送りしたい。カルチエ・ラタン近辺にある各書店で、書店員さんに以下四つのインタビューも行った。

Questions

A　お客さんの年齢層と売れ筋を教えてください。

B　マンガとBDにどんな差があると思いますか？　購入するお客さんも異なりますか？

C　フランスで有名なマンガ家といえば誰ですか？

D　お気に入りのマンガを教えてください。

出てくる作品名が少し古く感じられるかもしれないが、当時感じた『ONE PIECE』の絶大な人気は今も変わっていない。フランスで二〇〇〇年（日本では一九九七年）に刊行されて以降、三千四百七十万部以上を売り上げ、アニメ映画『ONE PIECE FILM RED』が上映されるやフランス各地でお祭り騒ぎが起きたのも記憶に新しい。二〇二二年に最も売れたマンガももちろん『ONE PIECE』、それも第一巻だ。フランスで最も売れた書籍（フィクション、文庫など全カテゴリー含む）としても十五位につけているのだから、その勢いに目を見張るばかり。今も新たな読者を獲得し続けており、快進撃もまだまだ続くのだろう。

ちなみに同じ年に最も売れた本は『Le monde sans fin, miracle énergétique et dérive climatique（終わりなき世界　エネルギーの奇跡と気候変動・未邦訳）』というBD。BDはイラストレーターと原作者が分かれている場合が多いが、こちらも著名なBD作家と地球温暖化やエネルギー問題のスペシャリストで作りあげた啓蒙的な作品らしい。欧州は環境問題に対する意識が高いのは知られているところだが、ウクライナ情勢を受けてエネルギー問題への危機感も高まっている。とはいえ二〇二一年十月の発売以来、六十万部以上売れているというのだから、日本のヒット作との傾向の違いに目を洗われる思いだ。

マンガの世界的躍進にわくわくする反面、日本でももう少しBDが読めたら良いのになぁとちょっぴり寂しくなったりもする。イラストを眺めるだけでも独特の世界観を楽しめると思うので、もしBDに出会うことがあれば是非ぱらぱらめくってみて頂きたい。

そしてフランスの本屋さんを訪れたなら、自分の好きなマンガ作品が並んでいるか要チェック。擬音表現や人物の呼び方など、どうフランス語に翻訳されているか確認するとおもしろい。ついでに気になるBDもないか……そんなマニアックな過ごし方も一興だ。

（本稿はwebサービスnote「マンガナイト」ページに掲載された「パリ・マンガ事情」を元に改稿したものです）

1 ― ALBUM（アルバム）

フランスのＢＤチェーン書店「ALBUM」。かつて五区には集中して三店舗あり、最も大きな店が交差点の角にあった「サンジェルマン店」だった。日本のマンガの品揃えも豊富で、ショーウィンドーには森薫さんなどマンガ家のサインも飾ってあった。タンタンや星の王子さまからトトロまで、古今東西のキャラクターアイテムを取り揃えていた。パリのポストカードも陳列されていたため、私はしばらく雑貨屋と勘違いしていたほどだ。マンガコーナーは地下にあり、店員さんによる手書きＰＯＰ「COUP DE CŒUR（お気に入り）」も新たなマンガとの出会いに一役買っていたよう。

現在、サンジェルマン店は交差点の斜向かいに移転し「ALBUM COMICS」となり、その名の通りアメリカンコミックスや関連グッズを専門に扱っている。もう一店は昔と変わらず、交差点からすぐのダント通りにある「ALBUM BD」というBD専門店。そしてマンガを扱う書店も独立し「Momie Mangas Paris（モミー・マンガ・パリ）」という名で、二〇二三年に二店オープンしていた。「Momie Mangas」もフランスのマンガ専門チェーン書店なのだが、この「パリ店」のみ「ALBUM」の傘下となっている。

「ALBUM COMICS」の真横にある一つ目の「Momies Mangas」は仏語翻訳のマンガが並び、懐かしい「COUP DE CŒUR」も健在。更には店員さん一押し作品を見えないように包んでしまい、その包装紙に〈ミステリー〉、〈動物〉、〈戦い〉といった作品のキーワードやコメント、対象年齢を書き込んで内容を想像させながら手にとってもらうという「パッケージ済みマンガ」も並んでいる。かなり野心的な遊び心のある企画で、評判も良いらしい。日本では「試し読み」ができるマンガも多いが、正反対の売り方だ。

道路を挟んで向かい側、二つ目の「Momies Mangas」のメインはマンガフィギュアやグッズで地下階もある。なんと英語翻訳と日本語オリジナル版のマンガまで置いていた。作品数は少ないものの、日仏英の三ヶ国語からマンガを購入できる専門店の誕生に感嘆した。

今はなき店となってしまったが、旧サンジェルマン店で入荷するマンガの選定や棚割りなどを担当していたスティーブさんにお話を伺った。

A　お客さんの年齢層と売れ筋を教えてください。

八歳くらいから五十代頃まで幅広いね。例えばこのまえ、四十歳くらいで「谷口ジローのマンガを読んだことがあって、友達にマンガをプレゼントしてみたい」というお客さんが来たんだ。話を聞いて、松本零士や永井豪を勧めたよ。やってくるお客さんが皆、マンガに詳しいというわけじゃないんだ。

最近の売れ筋は、少年マンガだったら『One Punch Man（ワンパンマン）』、『My Hero Academia（僕のヒーローアカデミア）』、あと『Platinium End（プラチナエンド）』も『Death Note（デスノート）』のヒットの影響もあって人気だね。

青年マンガだったら『20th century boys（20世紀少年）』、『Ajin（亜人）』（素晴らしい作品だよ、トレビアン！）、『Last Hero Inuyashiki（いぬやしき）』、『L'Attaque des Titans

（進撃の巨人）』かな。

――少年、青年マンガといった定番ジャンルのほか、「YAOI」、「YURI」、「HENTAI（変態）」というジャンルも別のお店で見かけたのですが、フランスでこうしたジャンル分けはメジャーなのでしょうか？

やおいは『Le Jeu du Chat et de la Souris（窮鼠はチーズの夢を見る）』が成功してから一気に広まった。うちでも一段並べているけど、そうしたジャンルの作品は極めて少ないよ。そうだな、変態ジャンルとはちょっと違うけど、例えば『Step Up Love Story（ふたりエッチ）』は売れてるね。

＊フランスで「変態」ジャンルとは、性的表現のあるエロマンガを指すよう。「エロ」の発音が、フランス語で「ヒーロー」を表す「HÉROS」の発音に近いため、混同しないためではないだろうかと推測。

――どのような視点で、入荷するマンガを決めているのですか？

人気のあるマンガ、例えば『ONE PIECE』などは、ネットの注文システムなどをいつも注意して見て、新刊が出たらすぐに仕入れるようにしている。

まだフランスで読まれたことのないマンガは、知人やマンガ専門誌の評判を参考にしているよ。他にも出版社から発刊前のパイロット版をもらって読んでみて、おもしろかったら、またはお客さんに紹介したいと思ったら注文する。「ALBUM」は大きなＢＤチェーン店だから、出版社と協力体制があるんだ。フランスの出版社がどうやって翻訳・出版するマンガを決めているかといえば、ひとつに日本で買い付けてきて発掘するというのがある。

Ｂ　マンガとＢＤにどんな差があると思いますか？　購入するお客さんも異なりますか？

まずお客さんだけど、マンガファン、ＢＤファン、アメリカンコミックファンの三種類に分けられる。でも、タイプが違うというわけではなく、交わっているね。マンガファンだけど、今日はBDも買おう。このコミックも気になるな。というふうに。

マンガとBDの差、というといろいろあるけれど、BDは一巻が販売されてから二巻が出るまで少なくとも一〜二年はかかるのに、マンガは早ければ二ヶ月で次が出るというのが大きな違いかな。

でも日本で販売されたマンガがフランスの書店に並ぶまで、作品にもよるけれど通常一年〜一年半くらい待たなければいけないんだ。

C　フランスで有名なマンガ家といえば誰ですか？

手塚治虫。松本零士。『Cobra（コブラ）』の寺沢武一も有名だね。民間放送のアニメが大ヒットしたんだ。『City Hunter（シティーハンター）』の北条司。もちろん鳥山明に、谷口ジロー。『Saint Seiya - Les chevaliers du zodiaque（聖闘士星矢）』の車田正美。尾田栄一郎、大友克洋……真島ヒロは『FAIRY TAIL』で人気になった。

少女マンガ家だと矢沢あい。あとは『Candy（キャンディ♡キャンディ）』のいがらしゆみこ！　この作品もテレビアニメがきっかけだね。

――始めに手塚治虫の名前が挙がりましたが、お店に並んでいる手塚作品は多くありませんね（確認できたのは七タイトル）。

そうなんだ。実は昔出版されたマンガの多くは売り切れていて、店で扱えるものをできるだけ探す感じだね。でも最近、水木しげる作品など昔のマンガを扱っている出版社で、手塚作品を五冊組にするといったＢＯＸ売りの動きがあるよ。つい先日も、新たに翻訳された新刊の手塚作品を入荷したところ。

ちなみに手塚作品でフランスで一番最初にテレビ公開されたアニメは『Le Roi Léo（ジャングル大帝）』（1972）だよ。

Ｄ　お気に入りのマンガを教えてください。

たくさんあるけど、今現在でいえばコレ！　『ONE PIECE』!!　マンガだけじゃなくて、アニメやゲーム、多くのエンタテイメントの形になっている。『DRAGON BALL』も大好きだし、大ヒットしたけれど、フランスでは現在その存在に取ってかわったのが『ONE PIECE』という印象。もちろん『NARUTO』も大好き。

少年マンガでは他に『Eye Shield 21（アイシールド21）』かな。青年マンガなら『Monster × Friends（トモダチ×モンスター）』！（首を傾げた私に「え、知らないの!?」とマンガを開き、熱心に説明してくれるスティーブさん。アツい！）

そうそうタイトルの話なんだけど、最近はできるだけ日本語や原題の意味を残すようにしている。英語で翻訳することも多い。例えば『Cage of Eden』という英語タイトルなら、日本の出版社、この場合は講談社がすぐに『エデンの檻』（この作品も素晴らしいよね！）だってピンとくるだろう？　日本の人たちも見つけやすい。

――昔は日本の原題とは異なる題名をつけていたのですか？

題名だけじゃなく、登場人物の名前もフランス風に変えていたんだよ。例えば『シティーハンター』はアニメが先に放映されて『Nicky Larson（ニッキー・ラルソン）』という題だったんだ。つまり冴羽獠＝ニッキー・ラルソンってわけ。誰だ!?って感じでしょ（ところで、この作品はちょっとHな表現もあるだろ？　子供向けに、そうしたシーンはカットされて放映されていたんだよ）。

マンガやアニメがそこまで一般的でなかった頃は、身近に感じてもらうためにフランス風の題や名前をつけることも多かったんだ。テレビや広告でも、そのほうが通りやすかったんだね。

→P.114「2 HAYAKU SHOP」に続く

MOMIE MANGAS
ミイラ マンガ
ミイラ
パリ

コロナとペスト　*2020.6*

「カミュの『ペスト』が売れてるらしいよ」

二〇二〇年三月初旬、フランス人の夫が言った。コロナウイルス感染症の流行を受けて、伝染病であるペストを描いた古典作品が読み返されている、と朝のラジオで聞いたらしい。我が家にはテレビがないのでニュースソースはラジオがメインなのだが、ようやくひとつの単語を聞き取れたと思っていると、もう次の話題に移っているというスピード感なので、私は携帯のニュースアプリの見出しを斜め読みするので精いっぱいだ。正直なところ、フランスの時事にはだいぶ疎い。

さっそく近所の行きつけの本屋「Librairie l'Atelier（リブレリ・ラトゥリエ）」に偵察に行ってみることにした。店名は文字通り「アトリエ」、「作業場」の意味。一九九三年に開店し、パリの北東、坂の多いベルヴィルという地区を登ったところに、文芸メインに取

LITTÉRATURE
L'ATELIER
ESSAIS

EN FACE
À CÔTÉ
ARTS & BD

り扱う「l'Atelier」、絵本やマンガを置く子供向けの「l'Atelier d'en face（ラトゥリエ・ドン・ファス）」＝アトリエの向かい、そして写真集などアート系が揃う「l'Atelier d'à côté（ラトゥリエ・ダ・コテ）」＝アトリエの隣、の三店が道路を挟みながら連なるように建っている。三角屋根の家に煙突が二本突き出たロゴは、日常に寄り添う小さな店の雰囲気にぴったりだ。

ちなみにラトゥリエ三店舗の共通ポイントカードもある。買い物ごとに購入金額が書き込まれ、五回買い物をすると、次回購入時は今までの購入金額の十%が値引きになる。実はこのカード、知る人ぞ知るという存在で、特にアナウンスされていない。私の場合、自分の前で本を買った男性がカードを出していたので、たまたま知った。五年以上この本屋を利用していた夫は、軽くショックを受けていたほどだ。この一年で既に二度の割引を受けているが、プレゼントなど事あるごとに利用し、まとめ買いも多かった彼の心中やいかに……

さて、先の結論でいうと『ペスト』は見つからなかった。小さい本屋

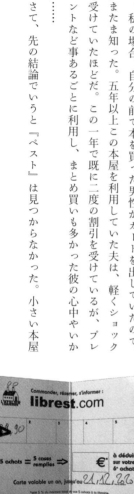

だから、というのもあると思うが、ちょっと拍子抜けした。しかしそもそも、日本のように「〇〇で話題！」、「△△フェア」といった棚作り自体を見かけないフランスである。その日も新刊などに、いたってシンプルな白いカードに黒ペンでちょっとした紹介文が書いてあったくらいだ。

フランスの本屋さんは全体的に推しが弱い。それはコミュニケーションを大切にしていることの裏返しともいえる。「華やかなアイキャッチで目を奪い、文章に愛を詰め込んで伝える」という日本のPOP文化とは異なり、オススメは書店員さんが直接伝えるものなのだ。お客さんの好みや探している作品の内容に合わせて、一緒に選んでいく。お店の「売りたい本」を押し付けてこない。

もし「『ペスト』を探しているんですが」と訊ねれば、在庫を探してくれただろうし「感染症を題材にしたものなら××がありますよ」といった会話が生まれたかもしれない。しかし外国人にとって、会話重視の接客というのは少しハードルが高いのもまた事実である。

結局、手ぶらで「メルシー、オルヴォワー（ありがとう、さようなら）」と挨拶だけして、本屋を後にした。レジのお姉さんも「オルヴォワー」と返してくれる。こうした挨拶は本屋だけではなく、スーパーでもパン屋でもどんなお店でも行われていて気持ちが良い。

この訪問後しばらくして、フランスでは「コンフィヌモン」が始まった。「ロックダウン」を、フランスではこう呼ぶ。もちろん本屋さんも営業できず「今こそ本が必要だ！本屋を開けろ！」という訴えもあったらしいが、結局コンフィヌモンの間に開くことはなかった。『ペスト』に話を戻すと、フランスのみならず日本でも売れているというニュースを何度も目にした。

当初フランスでは、三月十七日から約二週間の外出禁止令が出ていたが、おそらく四月いっぱいは続くだろうと予想していた。結果的に、五月十一日まで二ヶ月弱にわたる長期戦になり、個人的には一週目、五週目あたりが辛かったように感じる。コンフィヌモン開始直後はスーパーに大行列ができて食料が消えるなどの物質的不安があり、約一ヶ月して二度目のコンフィヌモン延長が発表されると、わかってはいたが気が滅入ってしまった。

しかし基本的にインドアな性格のため、コンフィヌモンを前向きに乗り切れたほうではないかと思う。夫と家で、趣味の短編映画を四本も撮ったほどだ。本業の映像制作の仕事は二月頃から既に減ってきており、三月以降は完璧になくなったが、フランスでは国からの補償が早々に決定されていたので、金銭的な恐怖が少なかったことは精神面でとても大きい。また文芸誌『小説現代』から「パリのロックダウン下を舞台に作品を書いてはどうか」と提案を受け、特殊状況下を記録する意味でも「ふたりのサラ」という短編小説にまとめる機会を頂けたのはありがたかった。

この間、友達の旦那さんが感染するなど、身近な人がコロナウイルスに苦しんだ話を聞いて心配したが、幸いにも親しい人が大事に至ることはなかった。コンフィヌモンが解かれた日、フランスでの感染者は通算で十四万人近く、死者は二万六千六百四十三人に上っていた。

実は一月末に十日ほど日本に戻っていたのだが、その頃中国で猛威を振るっていたコロナウイルスが、今後日本にも広まるのではないかと危惧されていた。パリへ戻る羽田空港のドラッグストアにマスクの箱が積まれていたことをよく覚えている。見送りに来てくれた母に「ヨーロッパもどうなるかわからないし、買っておけば？」と言われたが「フランスでマスクしてると怪しまれるから」と笑って断った。実際、フランスでマスクをしている人を見たことがなかった。よほどの重病人以外は使わないものであり「マスクをしているくらいならなぜ外出するんだ」という雰囲気だったのだ。

それがコンフィヌモンが明けた今では、交通機関の利用や施設入店時にはマスク着用が義務となっている。違反すると罰金を取られることすらある。

年明けはまだヨーロッパにとって、コロナウイルスは「アジアの感染病」といった他人事の扱いだったように思う。フランスメディアが連日のように取り上げるようになったのは二月十四日深夜に、フランスで初めて（ヨーロッパで初めてでもあった）感染者が亡くなってからではないだろうか。

日本では早くから具体的な場所（屋形船やスポーツジムなど）を挙げながら「三密を避けろ」と口を酸っぱくしていたが、フランスでは「マスクは無意味」と繰り返し、感染リスクを下げるための指示が欠けていた。三月に入っても挨拶の軽いキス「ビズ」は続いていたし、フランスの人々の身体的距離の近さを知っていると、感染が広まるときはあっという間だろうと覚悟するしかなかった。

改めて振り返ってみると、三月一日の時点で日本での感染者は二二四人、フランスでは一三〇人。しかし僅か三日後にフランスは二八五人と、日本の感染者数を追い抜いている。検査の母数が違うので一律に比較はできないが、三月以降の欧州の状況は皆さんご存知の通りだ。

本来なら、三月半ばにも仕事で、五月末は義父母に日本を紹介するために一時帰国を予定していた。こうなってみると、楽しみだった予定も旅も、全て遠い夢のような気がしてくる。だがこのまま夢で終わらせるつもりもない。まずは未読の『ペスト』でも読みながら、離れてしまった人の距離、世界の距離が再び近づいていく日を、じっくり待つつもりだ。

コンフィヌモンと哲学　2020.10

この原稿を書いている二〇二〇年十月三十日、日本でGoToトラベルを活用している家族から秋の美しい箱根の写真がメールで届き、フランス全土では外出禁止となるロックダウン、フランス語では「コンフィヌモン」が再び始まった。春のコンフィヌモンで一度は落ち着いたものの、夏のヴァカンスの大移動も手伝ってかコロナウイルスの感染拡大が止まらず、一日あたりの新規感染者が三万人を越えたと騒然としていた翌週には、五万人を越えてしまった。既にパリを含む五十以上の地域、フランス人口の七割を対象に二十一時以降外出禁止となっていたが、それだけではコロナウイルスを抑え込むことは難しいという判断だ。

もう一ヶ月くらい前から「クリスマス前に再びコンフィヌモンが行われる可能性」については囁かれてきたので、驚きは皆無だった。クリスマスはフランス人にとって最も大切な行事であり、多くの人たちは家族で集まってすごす。ヴァカンス以上に同時期の一斉大移動があり、大人数が密にすごすことになるのは必至。その前に収束させておかないと大変なことになるというのは、なるほどその通りなのだが、コロナ禍にあってもヴァカンスやクリスマスを楽しみたい、という切実な欲求の強さは「我慢は美徳」という社会で育ってきた自分としては衝撃でもある。「自粛警察」という言葉も概念も、フランスには存在しない。

というわけで「水曜夜にコロナ対策が発表される」と予告があったときから覚悟していたわけだが、まさか金曜から実施とはさすがに慌ただしく、木曜のスーパーは混雑していた。朝一にもかかわらず、既にトイレットペーパーやお米などは品薄だったが、前回経験済みなので焦りもない。空になった棚の前で顔を見合わせてしまったおばあさんも「しょうがないわね」という感じで悲壮感はなかった。

私と夫は「無事に引越せて良かったねぇ」と何十度目かわからないセリフを交わし、頷きあっている。

前回のコンフィヌモンの影響で予定より遅くなったが、六月初旬にパリ北東の十九区から、南に下ってパリ郊外の街に引越した。ワーキングホリデービザで滞在していた一年間は帰国が前提、つまりタイムリミットに急かされて「あの美術館に行かなきゃ」、「このイベントは参加せねば」と貪欲にあちこち巡っていたのだが、紆余曲折を経て移民としてフランスに戻ってきてからは、ほとんど出歩かなくなってしまった。日本にいた頃と同じで、買い物と近所の散歩以外は基本的に家に籠っている。期間限定の「通過者」ではなく、生活基盤のある「滞在者」になった途端、パリが日常となり色褪せてしまったようだ。

「長く暮らすなら、もっと落ち着いたところのほうがいい」

パリ嫌いになりつつあった夫も、私のこの希望に同意し、本格的に引越しを考え始めた。とはいえ映像制作をしている仕事柄、クライアントはパリに多く、地方に移ることはできない。そして映画館に気軽に行けない場所も候補から外れた。約一年、パリ近郊を転々とリサーチして歩いたなかで、ここだと思ったのが「ソー」という街だった。

フランスに住む日本人で、ソーを知っている人は十中八九「ソー公園」を連想しており、さらに「お花見」というキーワードに結びついている可能性が高い。ソーに住むフランス人にとっても、春には着物を着たジャパニーズたちがぞろぞろ桜に集まってくる、と有名なのだ。

私自身も初めてソーに行ったのは公園でのお花見のためで、濃いピンクの八重桜がポンポン暑苦しく咲いている一画で、異国であることを強く意識させられた。それはそれで美しいのだが、オオシマザクラやソメイヨシノのような一重のすっきりした桜こそ、私のなかでは桜なのだなぁと強く実感したものだ。

だがお花見スポットはソー公園のごく一部でしかなく、全体では二百ヘクタールもの広さがある。美術館でもある小さなお城、きっちり円錐や球形に刈り込まれた庭木や噴水が配置されたフランス式庭園、それとは対照的に野性的な鬱蒼とした森も抱えており、とにかく散歩にはもってこい。このソー公園の近くに引越したため、新居に遊びに来た友人たちには、我が家の庭かの如く自慢げに紹介して歩いている。

この夏は夫の親族が入れ替わり立ち代わり遊びにやって来た。義兄一家も数泊することになったのだが、姪っ子は九歳の誕生日を控えており、プレゼントを買っておこうと探していた。なかなかピンとくるものが見つからないでいたが、パリで素晴らしい本に出会って迷わずラッピングをかけてもらった。

本屋が犇めくカルチエ・ラタン、初めて通ったゆるやかな坂道に「Les petits platons（レ・プティ・プラトン）」はあった。雑貨屋さんのような洒落たお店で、カラフルな絵本が人形と共にディスプレイされている。よくよく見ると、人形はマルクスだったりガンジーだったり、あまりかわいくないところに惹かれてしまう。いそいそと手をアルコール消毒してお邪魔すると「九歳から九十九歳まで楽しめる哲学」をテーマに、店名と同じ名前のシリーズ絵本を作っている書店兼出版社だった。

創業者のジャン＝ポール・モンジャンさんのインタビ

ュー記事（https://www.undernierlivre.net/interview-editeur-les-petits-platons）を読むと、この出版社のアイディアは二〇〇九年に家の台所で生まれたものだそう。当時から子供向けの哲学書は存在していたものの教科書のようだった。これではむしろ哲学に嫌悪感を抱かせてしまわないか。子ども自身が「読みたい！」と手を伸ばす魅力的な本にするためには、美しい絵と物語、つまり絵本がぴったりではないか。加えて、多くの哲学者はイメージや比喩を多用するので、絵本にするのは理にかなっていると閃いたらしい。だがテキストを練り上げるまでには、想像以上の険しい道のりがあるのだそうだ。「哲学書についての確かな知識以上のものが必要だ」と語っている。絵本「プティ・プラトン」シリーズは、哲学者の著書のなかで最も重要な要素を凝縮して紹介することを目的としているが、例えばソクラテスにいたっては「最も重要な要素」だけで本四冊分にもわたったという。絵本一冊にどう落とし込んだのか……

二〇一〇年に一作目が出版され、現在では三十冊以上になったシリーズは話題を呼び、二十五ヶ国以上で翻訳されているらしい。しかし残念なことに日本語版は見当たらなかった。

コレクションボックスは三種類。そのうち、女の子が地球を抱くイラストの「黄色ボックス」を、姪っ子の誕生日プレゼントにすることにした。ちなみに、ソクラテス、エピクテトス、ライプニッツ、アインシュタイン、ハンナ・アーレント、の五冊入り。正直なところ、私は全く知らない哲学者の名も……自分のためにも買おうかと手を伸ばしかけたが、フランス語で哲学を理解できるだろうかとひるんでしまった。いつか夫へのプレゼントという体にするか。

九歳には難しい内容だと思うが、姪っ子は喜んでソクラテスをぱらぱら読み始めた。一冊一冊のイラストや色使いがとても美しく、眺めているだけでも楽しめそうだ。なにせ「九十九歳まで」は、まだ九十年もある。彼女にとって、時々ふと手に取りたくなる本、となったらいいなと思う。もちろん再び始まったコンフィヌモン中に挑戦してくれてもいいけれど。

ところで日本から届く予定の書籍が三冊あるのだが、届く気配がない。前回のコンフィヌモン中も、郵便事情がいつにも増して悪くなったので、既にその兆候があるのかもしれない。

今回のコンフィヌモンでも外出する際には「許可証」が必要になる。理由も選択式で選ばねばならないが、そのなかに「個人的な運動や同居人との散歩、一日一時間以内、自宅から一キロ以内で行う短時間の移動」という項目がある。つまり今まで通り、人気のない時間帯にトコトコと散歩ができるというわけだ。公園も閉鎖しないという朗報が届いてホッとした。

コンフィヌモンは今日から約一ヶ月、最短で十二月一日に終わるというが、さてどうなるか……ようやく戻ってきていた撮影の仕事が全て中止になるのは痛いが、個人的には近くにだだっ広い緑があるというだけで、ずいぶん心穏やかに軟禁生活を始めることができている。

ノエルとプレゼント　2021.1

フランスは二〇二一年一月十六日以降、少なくとも二週間は十八時以降外出禁止となっている。といっても例によって「許可証」があればお咎めなしで、「TousAntiCovid（トゥスアンティコヴィド＝「皆でコロナ防止」の意）」というアプリからも簡単にダウンロードできるため、パリは夜でもかなり人が出ていると聞く。

私自身はソーという郊外に引越してから、交通機関も避けたいという思いがあり、今はよほどの用事がないとパリには出なくなってしまった。そんなこともあり、今回は番外編として「パリ郊外の本屋さん」を紹介しつつ、ノエルの本屋の大盛況ぶりについて書きたいと思う。

フランス二度目の外出禁止（コンフィヌモン）は、当初は約一ヶ月、最短で十二月一日に終わる予定だったが、結局十二月十五日まで延長された。この日以降は「二十時以降外出禁止」という措置に切り替わったのだが、例外もあった。十二月二十四日、ノエルの前夜だ。おそらく多くのフランス人にとって、一年で最も大切な日。家族で集まって遅くまで祝うことが許されたのである。

それでも私はダメもとで「今年くらい、ひっそり家で過ごしてもいいのでは」と提案してみたが、フランス人の夫の親族たちは例年通り集まる気満々で、十二月になるとクリスマスプレゼントについての相談メールが飛び交い始めた。リクエストを聞かれ「一人で家にいる時間」などと答えることは許されないので、いろいろ悩んで「家の温度計」と答えたら「実用的すぎる。もっと夢のあるものを！」と却下されてしまい、再び頭を悩ますことになった。

もちろん「プレゼントはサプライズ派」もいる。半々くらいだろうか。私たちは「手に入れるべきプレゼントリスト」を作り、十五日に外出禁止が解けてから二十二日に帰省するまでの一週間でプレゼント探しに奔走した。私たち同様、ノエルに急かされた人たちが街に溢れ、一ヶ月半の外出禁止はなんだったのかと呆然とするほど、どんな店にも活気があった。この時期が商売にとってどれだけ大事か、今年ほど感じさせられたことはない。

さて、リストの中で本屋さんに探しに行ったのは以下である。

・義母に：リクエストされた小説
・義父に：昨年のノエルにプレゼントしたバンドデシネの続き
・姪に：リクエストされた絵本
・甥に：リクエストされた絵本＋誕生日が近いので、なにか素敵な本
・義理の妹に：おまけの小説（リクエストは果樹で、現金を包むことにしたため）

まずは最寄り駅「ブール・ラ・レーヌ」の近くの本屋「L'Infinie Comédie（ランフィニ・コメディ）」へ急いだ。我が家の住所はソーだが、ブール・ラ・レーヌ地区との境目にあるのだ。こじんまりしているがとても感じの良い本屋で、店員さんも優しい。だがなんといっても私のお気に入りは、この店の包装紙だ。コバルトブルーの孔雀の羽のようなデザインで、アンティーク調というかヨーロッパ的というか、とにかく品が良い。だから

できるだけここで買い揃えたかったのだが、義母の本しか見つからず愕然とする。

結論から言うと、私たちは完全に出遅れていた。実は十一月末から外出禁止令の規制が緩まり、書店など一部の業種は営業時間を短くして店を開けていたのだ。素早い人たちは、コンフィヌモン中に既にプレゼントを用意していたというわけだ。甥っ子用の絵本は、つい先日までショーウィンドーに飾られていたのに……迂闊だった。

店内は人数制限があり、並んで入ったのに一冊しか買わないのも癪なので、友人たちのプレゼントにちょうど良い本があれば一緒に買っておこうと物色する。

アメリカの作家で、怪奇小説の先駆者の一人と呼ばれるH・P・ラヴクラフトが書いた『狂気の山脈にて』(クトゥルフ神話のひとつ)を田辺剛がマンガ化しており、そのフランス語翻訳版を見つけ、夫が購入した。人物や背景のリアルで緻密な描き込みぶりは、日本のマンガよりもバンドデシネやアメコミに通じるものがあり、フランス人も受け入れやすいかもしれない。

「数年前のノエルに原作をプレゼントしてくれた友達に、今年は僕からマンガ版を贈るよ」

ノエルの本がゆるやかに繋がっていくのは楽しいアイディアだなと頷きつつ、ミッショ

LE ROI LIRE

ン達成のため、次はソーの商店街へと急ぐ。

「Le Roi Lire（ル・ロワ・リール）」はメイン通りから横道に入ったところにある、かなり小さな本屋さん。人数制限が六人でも、お客さんが多いと感じるほどだ。変わった装丁の本や飾れる仕掛け本など、遊び心ある本を扱っている。入店までに長い行列ができており、私たちの後ろに並んだマダムが「クリック&コレクトも、ここに並ばなきゃいけないの?」とぼやいていた。

フランスではコロナ対策のひとつで、店のサイトから商品を注文し（クリック）、好きなときに引き取りに行く（コレクト）という、店で密にならないような買い物方式がだいぶ浸透してきた。それならネット通販で買って自宅に届けてもらったほうが便利だろう、と思われるかもしれないが「地元の個人経営のお店で買い物をしたい」という人は意外に多い。

余談になるが、コンフィヌモン中も食品など日用品の買い物は必要なため、スーパーなどはずっと営業していた。そんななか、大手スーパーが書籍も販売しているのが問題になった。営業停止を余儀なくされている本屋は不利益を被る、平等性を欠く、と反発が起きてスーパーでの書籍販売が中止になったのは、とてもフランス的な動きだと思う。

またフランスには年一回「ゴンクール賞」という権威ある文学賞がある。日本でいえば直木賞や芥川賞に匹敵するだろうか。受賞作の発表は一大イベントだが、この発表予定日がコンフィヌモン期間に重なってしまった。この状況で発表すれば、大手の通販企業ばかりに本の注文が殺到し、街でがんばっている小さな本屋の売り上げに繋がらない……という英断で、書店が営業を再開するまで待ってから発表された。この二〇二〇年のゴンクール受賞作、エルヴェ・ル＝テリエ『L'Anomalie』（『異常　アノマリー』加藤かおり訳、早川書房）は、受賞発表から約一ヶ月で四十万部を売り上げ、更に八十万部の増刷が決まるという空前絶後の成功を収めている。

――と、話がそれたが「Amazonでも近所の本屋でも買えるなら、顔が見える本屋で買う」という「買い支える文化」が、フランスには根付いているように感じるのだ。

結局二店舗目でもお目当ては二冊しか見つからず、次に商店街の端にある「Maison de

la Presse（メゾン・ドゥ・ラ・プレス）」という新聞・雑誌の店に行ってみた。フランス全土に店を構えるチェーン店で、取り扱い商品もサービスも雑多だ。本もあるが、品揃えは浅く広い。宝くじも買えるし、荷物を持ち込めば配送手配もできる。オシャレさといったものは皆無で、実用性を重視した店である。看板犬・巨大なセントバーナードのイオルが迎えてくれることも（一人、否一匹で街中をのしのし散歩している姿も時折見かける）。

こちらでは絵本を一冊と、日本人パティシエのチョコレートをプレゼントする予定だった親族に、おまけのプレゼントで日めくりカレンダーを購入した。包装などは頼めばやってくれるのかもしれないが、そういう雰囲気ではなかった。

ところで、これを書いていて今更ながら気付いたことがある。フランスの本屋が売るのは本で、基本的に雑誌は扱っていないのだ。雑誌はこうしたジャーナル系の店か、駅のキオスク、または文具店などでの販売になる。日本の少し大きな本屋なら雑誌も置いているのが当たり前なのに、今まで気にしたことがなかった。こちらで雑誌を買おうと思ったことがないので、注意していなかったのかもしれない。棲み分けしていたんだなぁ。

本屋巡りは終えたが、リストの二冊が漏れてしまった。取り寄せを頼もうとすると、必要な日までに間に合わないとわかり、やむを得ずネット通販に頼ることにする。しかし自宅配送を指定すると、やはり二十二日より前には届かない……このノエルの熱気と人混みのなか、パリの大型書店まで遠征せねばならないのか？

「なんでノエル前からこんなに疲れなきゃいけないんだ。もうノエルなんて嫌だ」

と不貞腐れたくなったが、最終的に、大手総合チェーンのFnac（フナック）に注文した。系列店での引き取りにすれば、ぎりぎり前日に受け取れることがわかったのだ。自転車で往復一時間以上かけて取りに行くことになったが、家で包装もし、無事にリストの全てが揃った。

私たちはノエルの本屋の盛り上がりを甘くみすぎていた。長く続くコロナ禍で「家で楽しめる本をプレゼントに」と考えた人が例年以上に多かったというのもあるだろう。来年の冬、コロナがどのような状況になっているかはわからないが、十二月になったらすぐ本屋に走らなければならないと胸に刻み込んだ。

春とマンガ　2021.4

　フランスで最初の外出禁止（コンフィヌモン）が始まったのは二〇二〇年三月十七日のことだった。あれから約一年経った四月現在、三度目のコンフィヌモンの真っただ中だ。三月頃からコロナ感染者の多い一部地域のみで限定的にコンフィヌモンが始まり、その範囲が徐々に拡大。英国のコロナ変異株による感染者が全体のコロナ感染者数の七割を超え、国民からも「再びコンフィヌモンにすべき」という声が強まっていた。政府は週末のみ外出禁止案も出し議論を続けていたが、ついにフランス全土でのコンフィヌモンが踏み切られた。この数週間、連日四万人前後の感染者が出ていたので個人的には遅すぎた感すらある。

　とはいえ今回のコンフィヌモンは、今までの二回に比べて規制が緩い。「外出禁止」とはいえ、家から十キロ圏内の買い物、散歩は時間無制限で許されており、年明けから「十八時以降外出禁止」だったのが、サマータイム開始に合わせて「十九時以降」と後ろ倒しになったぶん、日常生活としては余裕ができた。「外出禁止」と言いながら「○時以降は（厳格に）外出禁止」という二重ルールがあるのはどうも解せない。お日様を満喫できるのはありがたいのだが。

レストランや文化施設は既に半年以上閉まったままなので、今回の決定で最も負担を感じているのは、子供がいる家庭だろう。小中高、そして幼稚園といった教育機関も閉鎖が決まったのだ（大学は既に週一開校などの措置が取られ、リモート授業メインになっていた）。子供がいて共働き、かつテレワークもできない両親の場合どうするか、という討論がなされ、限定的に校舎を開いたり、シッターさんは自宅で子供を預かっても良い、などの措置が取られている。

ちなみに今回はレコード店、花屋、美容院、そして本屋も引き続き開業している。家の近くの本屋のディスプレイはこまめに変わって楽しいのだが、暖かくなってきてSDF（Sans Domicile Fixe＝定住居なし、の略）つまりホームレスが商店街に増えてきた。立ち止まって本を眺めていると背中に視線を感じてしまい、なんとなく居心地が悪い。十九時が迫って足早に帰宅するとき、路上にどっかり座っている人を見ると、路上生活者に「外出禁止」もなにもないのだという事実に突き当たる。パン屋の前に座っている人が多く、パンを買った後の小銭を渡すこともあるが「ボンジュー」と声をかけられて「ボンジュー」と返すだけのことがほとんどだ。先日スーパーの前にいた男性に、目が合った瞬間「袋をくれないか」と頼まれてびっくりしたが、もらった食べ物などをまとめたいらしかった。どんな袋が良いのかよくわからず、結局大判の有料レジ袋を購入して渡すと「メルシー」と頷かれた。

フランスには路上生活者の受け入れ施設があり、寒さが厳しい冬には受け入れ数も増えるらしい。それは春になれば路上生活に戻らざるを得ない人が一定数いることと同義である。実はこれは一般居住者にも通じる話で、大家は冬に借家人を追い出すことはできないと法律で決まっている。どれだけ家賃の滞納をしていようが、追い出して凍死させてはいけない、というわけだ。今年はコロナ禍で経済面でも健康面でも厳しい状況を鑑み、通常三月末までの「追い出し禁止」が、五月末まで延期されたという。

私はフランスに来た当初、路上生活者や物乞いが当たり前にいて、かつ援助したり会話したりする人も当たり前にいる光景を目の当たりにし、かなりのカルチャーショックを受けた。正直に言えば今もまだ慣れない部分はあるが、日本ではどれだけの路上生活者が身をひそめ、このコロナ禍でも人目を隠れるようにして生きているのかと考えると切ない。

家にいる時間が増えたので、仏語の勉強を兼ねて仏語翻訳されたマンガを少しずつ読み始めた。Netflixで日本のアニメに開眼した夫は、マンガをちょこちょこ買っている。気になるタイトルが我が家の本棚に並びながら、なかなか手が出せないでいたのは、どうしても好きになれない点があるせいだ。フランスのマンガ「バンドデシネ（BD）」にも共通する特徴なのだが、全ての文章が「手書きっぽいフォントで大文字」。これが、とてつもなく読みにくい。たまに著者自身が手書きしている場合もあるが、特有の癖字でもっと読めないということも……

フランスのBDならまだ仕方ないが、マンガなら原文の日本語で読めばいい、という怠惰な気持ちに負け、敬遠してしまっていた。だがこれを機に、ついに一年半以上前に購入した浅野いにおの『零落』（仏語タイトルは「Errance（彷徨）」）を読み切り、私は満足した。そして「また絶対来よう！」と思った、パリ北東部の小さな本屋さんのことを思い出した。

小高い山に吊橋がかかり、パリ市内では最大規模の公園のひとつ、ビュット・ショーモン。この近くに巨大なショーウィンドーと紫の外壁が目立つ本屋がある。二〇〇六年開業の「Librairie Longtemps（リブレリ・ロントン）」、「LL」のロゴが判子みたいだ。感じの良い街の本屋、という一言では片付けられないなにかが感じられ、散歩中に「お」と引き寄せられた。まず本のセレクションが素晴らしい。決して広くないが、そのぶん目移りせず各カテゴリーをじっくり見ることができる。

私はジャムのマーケティングの話を思い出した。お店にジャムが十種も二十種も並んでいると、消費者は選択肢がありすぎてどれが欲しいのかわからなくなる。結局、三種ほどが並んでいる状態が一番手に取りやすいという。しかし、この本屋に並ぶのはド定番のイチゴとマーマレードとブルーベリーではない。イチゴジャムだとしても無農薬で砂糖不使用のお手製、マーマレードならオレンジではなくグレープフルーツ、といった具合。こだわりと捻りを感じさせる品揃えなのだ。お店のチョイスを信頼して、一冊ずつ向かい合え

LIBRAIRIE LONGTEMPS

るというのはなんと気持ちの良い時間だろうと思う。種類豊富な書店にくる楽しみとはまた別の悦びがある。

本棚に並べられている本は、ところどころ表紙を見せるように置かれている。このように陳列すると本を置ける数は少なくなるわけだが、背表紙でぎっちり詰まっているのに比べ、本の顔がわかると手に取りやすい。ここでも店側の本のセレクトへの自信が表れているように感じられた。

L字型の店内の突き当たりは子供向けコーナーで、気球のモビールが揺れていたり、絵本のキャラクターらしい切り抜きが壁に貼られているなど、デコレーションもかわいらしい。ソファが置いてあり、大人が子供にゆっくり読み聞かせることもできる。この日も母親が娘に絵本を読んでいて、その後は書店員さんと親し気におしゃべりもしていた。

「BD」と書かれたコーナーは二ヶ所あり、フランス語圏の大判フルカラーのBDと、日本の翻訳マンガが混ざって置かれているのも独特だ。店に入ってすぐ目に飛び込んでくるオススメ本らしい陳列棚にも、一瞥して気になるマンガがあった。それが前述の『零落』。夫は既に同じ作者の『おやすみプンプン』を読んで気に入っていたので、迷わず手に取った。

レジ横の片方には、品の良い美しい文具類が並んでいた。もう片方にはちょっと尖ったアート・ビジュアル系の本。大人向けブラックユーモアコーナーとでも名付けたい。

レジの店主らしい男性に「どのようにマンガを選んでいるんですか」と聞いてみると「うちに並んでいるマンガは、マンガ担当者が情熱をもって選んでいるよ。そのなかでも彼が大好きな作品のひとつが、これさ」と返され、なんだか嬉しくなったものだ。

あの日、マスクなしでふらふらし、偶然の出会いで本屋に足を踏み入れ、誘われるようにマンガを買い、ワクワクしながら夜遅くまで歩き続けた。当たり前だと信じていた日常は、なんて贅沢で幸せな日々だったのか……

二〇二一年春、どうにか読み終えたマンガを閉じて、しばらく頬杖をついてしまった。

2 ― HAYAKU SHOP（早くショップ）

ダント通りには先述の「ALBUM」の他、マンガ・BD専門店が連なっており、私は密かに「マンガ通り」と命名していた。そのマンガ通りのなかでも「HAYAKU SHOP」はショーウィンドーに大々的にマンガのイラストが描かれているので俄然目を引く。取材当時は『僕のヒーローアカデミア』が描かれていた。日本のマンガ専門書店で、二〇〇八、九年に開店したとのこと。

店内にはマンガだけでなく、スライムのぬいぐるみから『新世紀エヴァンゲリオン』の綾波レイといった美少女系フィギュアにアニメTシャツも充実しており、レジ周りには日本の駄菓子やキーホルダーも売っている「ジャパン・ポップカルチャー愛」の詰まったお店だった。

いわゆる「OTAKU（フランスでも「オタク」と呼ばれる）」っぽい雰囲気が独特の良さだったが、久々に訪れてみると開放的でモダンな内装になっていてびっくり。グッズは多少フィギュアがあるくらい。かつての混沌とは異なり、専門店らしく理路整然と出版社ごとに作品が並んでいる。ジャンル分けで棚割りされることが多いなか、これは特筆すべき点だ。

思わず店長らしき恰幅の良いムッシュウに質問すると、二〇一九年にリニューアルしたとのこと。店の目印であるショーウィンドーのイラストはプロモーション目的で、まず出版社への声かけから始めるそうだ。販売に力を入れたい作品がある場合、出版時期に合わせて早い段階からフランスのみならず日本の出版社にも著作権の確認などを行い、イラストの色味の調整までして仕上げているらしい。

専門学校でマンガについて学んだという書店員・カレドさんにお話を伺った。

A　お客さんの年齢層と売れ筋を教えてください。

メイン客層は三十代。テレビで『DRAGON BALL』や『シティーハンター』が放映されていて、アニメやマンガと共に育った世代だから。僕は二十二歳（二〇一六年当時）で『Pokémon（ポケットモンスター）』や『Yu-Gi-Oh!（遊☆戯☆王）』の世代。『ONE PIECE』は、十年以上ずっと人気がある。近年のフランスでのマンガヒットの流れは、まずはアニメから。字幕付きアニメをネットでストリーミングして、それから翻訳版のマンガを買う。アニメがヒットすれば、マンガもヒットするってわけ。広告の力もすごく大きいね。JAPAN EXPOでは『Assassination Classroom（暗殺教室）』の殺《ころ》せんせーの顔の風船がたくさん飾られてたよ。

B　マンガとBDにどんな差があると思いますか？　購入するお客さんも異なりますか？

一番大きな違いはストーリーの語り方の違い。つまりコマ割り。フランスのBD、例えば『Tintin（タンタン）』や『Astérix（アステリックス）』は全て四角くて同じ形をしている。でも日本のマンガは斜めにコマを割ったり、コマとして区切らず地のページに絵を描いて、その上に小さなコマを置いたりもする。吹き出しや登場人物の配置もおもしろいよね。人物にあえて吹き出しをかぶせて空白を大きくとったり、視線の先に次のコマの吹き出しを置いていたり……全てが計算しつくされているんだ！

マンガとBDを購入するお客さんに特別な違いはないと思うよ。僕は日本のマンガしか買わないけど。やっぱりマンガの語り方・コマ割りは最高だから！　値段も安いし。とはいえ、シリーズで何十冊も続いたりするから、結局（マンガより値段の高い）BDを揃えるのと変わらなかったりするんだけど。

C　フランスで有名なマンガ家といえば誰ですか？

浦沢直樹。寺沢武一。マンガの歴史に興味のある人は、手塚治虫も読むね。

——手塚作品は現在お店で扱えるものが少ないと聞きましたが……

そう。いくつもの版元がずいぶん昔に翻訳版を出版したけれど、その後ほとんど重版していないんだよ。実は当時、あまり売れなかったんだ。今買えるものは『Astro Boy（鉄腕アトム）』と『La Vie de Bouddha（ブッダ）』も手に入りやすいかな。でも例えば『L'Histoire des 3 Adolf（アドルフに告ぐ）』は、どれだけ探しても手に入らない！　手塚ファンでも見つけるのがすごく難しいんだ。

昔のマンガでいうと、最近ようやく永井豪のマンガがフランスでも出版されたんだよ。フランスで初めて放映された日本のアニメは一九七八年、永井豪の『Goldorak（UFOロボ グレンダイザー）』だって知ってた？

＊それ以前にもフランスで日本のアニメは放映されていたが「UFOロボ グレンダイザー」は視聴率百％との逸話をもつほど当時大流行した。この作品の大ヒットが、日本のアニメやマンガをフランスに広める大きなきっかけになったことは間違いない。

D お気に入りのマンガを教えてください。

『ONE PIECE』（即答）！ 少年マンガのなかではね。だって青年マンガや少女マンガは、それぞれ全く別のジャンルだから、比べられないでしょ？

青年マンガなら『Ikigami（イキガミ）』。少女マンガは『Seiho men's school !!（メンズ校）』かな。少女マンガには珍しく男性が主人公だから、感情移入できるんだ。

→P.160「3 AAAPOUM BAPOUM／Serpente」に続く

ソファと書道　*2021.8*

フランスでは夏と冬の年二回、「Soldes（ソルド）」と呼ばれる大型セールがある。日程も期間も毎回国が決め、二〇二一年の夏は六月三十日から七月二十七日までの四週間と発表された。フランス全土のお店で衣料品から家電、家具まで幅広いジャンルが一斉に値下げされるこの機会を心待ちにしている人も多い。お気に入りのショップや普段は敷居の高い高級ブランドで狙っている商品があれば、ソルド初日に会社や学校を休んで早朝から並んだりするのだそうだ。

店の全商品がソルド対象になるわけではないが「ソルドが始まる少なくとも一ヶ月前から店に並んでいたもの」など、厳密に法律で定められているため「ソルド用」に作られた安い商品に赤札を付けてそれらしく売りつけられる、といった心配はない。

そして期間中、段階的に値が下がる。一週間後、二週間後……と値引き率が上がっていき、最終週にもなれば「Dernière démarque（デルニエール・デマーク）」＝「最終値下げ」で、七十％オフなんてことも。ただ、当たり前だがこの頃にはめぼしい商品はほとんど消えており、やはり「欲しいものはお早めに！」が鉄則らしい。

我が家のソファベッドもずいぶん使い込んで薄汚れ、この機会にもう少しコンパクトで座り心地の良いものに買い替えようという話になった。ヘルニア持ちの私は、クッション部分がすっかり柔らかくなってしまっているのが腰に負担で、この半年はソファを使うことさえほとんどなくなっていたのだ。映画を観るときは、ソファにずっぽり沈み込む夫の横で、食事用の椅子を持ってきてちんまり座っていた。

早速ネットでいくつか当てを付けてはみたものの、実際に座り心地を試さずソファを買うなんて狂気の沙汰。私は洋服すら試し着してみないと不安で、ネットで買うことは滅多にない。

「久々にパリに繰り出して、ソファに座りまくるべし！」と決まったは良いが、六月後半～七月前半は、皆がヴァカンス前に仕事を終わらせなくてはと目の色を変えて必死になる。勢い、クライアントからの映像制作依頼もその期間に集中してしまい、この一年コロナで閑古鳥が鳴いていた反動もあってとにかく忙しかった。

気付けば夫は男友達四人との「夏の恒例ヴァカンス」も迫っていて、ほとんど不眠不休で働き通し、目をこすりながら十日ほど旅立っていった。私はその間、家でごろごろと束の間の独身生活を楽しみ、ソファも最後の別れのつもりで昼寝の際に使ってみたりした。

ようやく夫が帰宅し「いざソファ探しにゆかん！」――とはいかず、溜まった仕事のツケを払っているうちに、結局私たちはソルドを逃した。

「ソルドが終わっても、なんだかんだいって安売りしてるんじゃない？」

望みを捨てきれない私に、ブルターニュでこんがり日焼けしてきた夫は申し訳なさそうに言った。

「いや、さすがに法律で決まってることだから難しいと思うよ」

だがとにかく、買い替えようという意志が失われないうちにパリに繰り出すことにした。すると意外にも、「ソルド」の名称は使わず「最後のチャンス」などと銘打って「うちのお店の特別割引ですよ」という体で、セールが続いているではないか。

しめたとばかりに次から次へと家具店を渡り歩き、いくつものソファに腰かけた。柔らかすぎる、大きすぎる、生地が安っぽい、デザインが微妙……座れば座るほど、安売りになっている予算内のソファでは満足できなくなる。

ランチ休憩を挟み、大通りを歩いていると、小さな家具店のショーウィンドーに展示されているソファが目に飛び込んできた。サイズはまさに理想的。デザインもモダン。元値は相当高いが六十八％オフ……「これだ！」とお店のドアに手をかけると「お昼休み。十四時から」という張り紙。

フランスではこの「昼休憩」によく遭遇する。観光地であっても、教会やお店が昼食時の二〜三時間閉まっているのは当たり前。事前に細かな観光プランを立ててしまうと、予定を大幅に狂わされたり、再度改めて訪れることになる。

また、個人経営の小さなお店などでは「外出中。〇時に戻ります」という張り紙を残し、昼でなくても唐突に閉まっていたりする。そして大半の場合、その「〇時」に再び出向いても、店内は相変わらず薄暗くて人気がなく、店の前で待ちぼうけを喰らう。

今回は家具店が開くまで、近くをぶらついて待つことに。同じ大通り沿いに「鳳凰」の

LIBRAIRIE LE PHÉNIX
LE PHÉNIX

看板を見つけ、赤ワイン色の外観の店に近づいてみると「LIBRAIRIE LE PHÉNIX（リブレリ・ル・フェニックス）」とある。そう遠くない場所に「ミニ中華街」とでも呼びたくなる中華レストランが集中する一画があるため（そこでランチをした後だった）、てっきり中華系のお茶のお店かなにかと思ったら、立派な本屋さんだったので驚いた。欄間のデザインのような、おそらくは中国の伝統模様を基にした店のロゴの下には「アジアと中国の専門店」と書かれており、ショーウィンドーにも日本関連の本がたくさん並んでいる。偶然の出会いにわくわくして、迷わず足を踏み入れた。

一階は横長のスペースを真ん中で仕切るように低めの本棚が設置され、動線としてはぐるりと回るようにできている。入店してまず目に飛び込んできたのは、グルメやレシピ本のコーナーだった。特に日本食を扱っている本が多い。ちょうど東京オリンピックが開催されている時期だったこともあるのかもしれないが、フランスにおける日本食人気は、既に不動の地位を占めているように思う。

健康関連のコーナーには、アーユルヴェーダの本がずらり。自然療法的なアレでしょ……と、漠然と知ったような気になっている「アーユルヴェーダ」について改めて調べてみると、インド・スリランカの伝統医学で、五千年以上の歴史を持つという。後日、ビオ系スーパーの本棚でもアーユルヴェーダ本を見つけたので、ひょっとするとブームなのかもしれない。生命哲学としても注目されているらしく、哲学好きのフランス人と相性が良さそうだなと勝手に納得した。

店の片隅に作られた値引きコーナーで、浮世絵カレンダーなどを見つけて喜んでいると「日本関連の書物なら二階にありますよ」とレジにいた若い女性が声をかけてくれた。掛け軸やら赤提灯などが飾られている階段に期待値が上がる。

二階はかなり広かった。階段を上った左手は芸術関連で、なんと筆や墨汁など書道用品も豊富に揃っている。唐突に銀座の鳩居堂の二階を思い出した。もちろん品揃えでは敵わず、お香やにほひ袋もないが、あの独特の和の香りと静けさの立ち込める空間がくっきりと脳裏に蘇ってきたことが意外だった。一年半以上帰国していないのは初めてのことで、知らず知らず日本恋しさが募っていたのだろうか。

そして右手が日本関連。仏語翻訳された書籍やマンガはもちろん、日本語教本や日本からの輸入本も置いている。わずかだが日本の古本まであり、小説の上下巻の下巻だけだったり、シリーズマンガの七巻だけだったりと微妙ではあるものの、この本屋に日本人が出入りしている足跡を発見したようで嬉しくなった。

折り紙の本は一般書店に置かれることも増えたが、切り紙の本は初めて見かけたし、量販店では見かけないレアな邦画のDVDもある。日本のオノマトペをイラストで紹介した本など、気になるものを手に取って眺めていると、あっというまに十四時半近くになっていた。夕方に観たい映画もあったため、地階は探検しそびれてしまったが「また来ます！」と店員さんに声をかけて店を後にした。

帰宅してから書店の公式サイトを覗いてみると、硬派な歴史を持つ本屋だった。

二〇〇七年に亡くなった創設者のレジス・ベルジュロンは共産主義の活動家で、一九九四年までフランス共産党の機関紙だった左派日刊新聞「L'Humanité（リュマニテ）」のジャーナリストとして文化欄を担当。一九五九〜六一年には中国でフランス語の教師を務め、中国映画の専門家として本も出版している。一九六五年の書店開業から約一年後、中国で文化大革命が始まると「Petit livre rouge（プティ・リーヴル・ルージュ）」と呼ばれる『毛沢東選集』を店に山積みにしたという。

その後、真の多様性を求めてより開かれた本屋へと変わっていく中、一九八〇年には本屋が襲撃されて灰になるという悲劇が。書店員も大火傷を負ったが屈することはなく、五十平方メートルにも満たなかった小さな書店は、四倍の二百平方メートルへと拡大リニューアルオープンして今に至る。アジア、特に中国への深い造詣と情熱を持った意欲的な書店員たちが運営しており、現代中国人作家を招いてイベントなども開催しているらしい。

さて、ソファ探しに話を戻すと、「これだ！」と思ったソファは予想以上にふかふかで、私の腰が黄信号を発した。当初考えていた予算では、しっかりした硬いソファは買えないらしい。

そもそもなぜヘルニアになったかと元凶を振り返れば、ワーホリでパリに滞在していた一年間に使っていたベットマットが柔らかすぎ、腰を沈めた「く」の字の体勢で寝続けていたせいなのだ。フランス人が日本の布団で寝ると「床（畳）に直に敷くのに布団は薄くて硬すぎる。身体が痛くなる」と当初は不評なのだが、（私の友人知人に限った話ではあるが）慣れると好意的な意見に変わっていく。

再びソファ探しを始める元気が出ないまま、布団や座布団のぺたんとした硬さを恋しく思っている夏だ。

インコと二階　2021.12

昨年の冬、クリスマスプレゼントを探すため近所の本屋を駆け回ったエピソードを紹介した（「ノエルとプレゼント」）が、私もまたプレゼントには鳥図鑑と植物図鑑をリクエストした。パリ郊外の新居の周りは自然が多く、鳥も多い。我が家はレジデンスにあるアパルトマンの五階なのだが、朝食を取りながらリビングの目の前に見える大きな木に鳥がやってくるのを観察するともなく眺めるのが、日々のささやかな幸せだったりもする。

一番多いのはカササギ。夫がしきりに「ぴ！　ぴ！」というので「鳴き真似かな」とほのぼのしていたら、カササギはフランス語で「pie（ピ）」というのだと知って笑ってしまった。

客人が来ると驚かれるのは巨大なインコだ。かくいう私も初めて鮮やかな黄緑色のインコが飛び回っているのを見たときは目を疑った。フランス語で「perruche（ペリュッシュ)」。「かつら」という単語「perruque(ペリュック)」と音が似ていて、ド派手なライムグリーンのかつらをかぶった赤い頬のピエロが脳内に浮かび、すぐに単語同士を結び付けて覚えられた。

しかしなぜこうも多くのインコが……どうやらペットだったインコが逃げて野生化したらしい。何気なく調べてみると、東京でも同様に野生化したインコがカラスと縄張りを争う勢いで増殖中と知り、むむむと唸ってしまう。インコが何羽も連なって木に止まっている様は美しいものの、外来種は生態系を乱す。黒と白ですっきりしたデザインのカササギが青い尾を引いて飛ぶ姿も惚れ惚れするが、こちらも繁殖力の高い外来種で在来種を脅かしているのだ。

だから台所の窓から見える小ぶりの木々に四十雀《シジュウカラ》が止まっているのを見つけたりすると、なんだかいじらしくて密かに応援している。「mésange(メザンジュ)」といい、さりげなく「ange(アンジュ=天使)」という単語が隠れているのも奥ゆかしい。

バードウォッチングのために遠出するほどの情熱はないが、気になる鳥を見かけると図鑑を開いて名前を調べている。近隣の市街地で見た鳥はピンク、公園は緑、など付箋の色を変えてマークしており、少しずつ図鑑がカラフルになっていくのも楽しい。
対して植物図鑑はというと、残念ながらそこまで活用できていない。イラストは詳細でぱらぱら眺めるぶんには楽しいのだが、花や葉、木の実といった特徴的なものから植物の名を見つけるのが難しい。既にある程度の分類が頭に入っていないと、目的まで辿り着けない作りになっている気がする。元々植物に詳しくないうえ、ぼんやり浮かぶ日本語名からフランス語名を探そうにも辞書には載っていないこともしばしば。一ページのなかに複数の木々が描かれていたりと、こちらの図鑑を活躍させるにはもう少しコツを掴まないといけないようだ。

さて、前回得た「ノエルの準備は早めにすべし」の教訓を生かし、今年は十一月末から動き出した。フランスのコロナの感染状況は相変わらず……というより、コンフィヌモン（外出禁止令）のあった昨年よりひどく、オミクロン株があっという間に広がったのに合わせ、周囲でも気をつけている人ですら続々と感染していた。皆がプレゼント探しに奔走し店がごった返す前に、準備を終えてしまいたいという思いも強かった。

プレゼントで本屋さんにお世話になったのは、例年通り義母に小説、義父にバンドデシネ（BD）。環境問題に対する意識が高い義理の妹からは「廃棄物ゼロ」に関する本をリクエストされた。「zéro déchet（ゼロ・デシェ）」と呼ばれ、フランスでは既にかなりポピュラーな行動指針のひとつである。

毎年プレゼントの山に埋もれる甥と姪には、親族共同で本格的な天体望遠鏡を贈ることになったのだが、一人ずつのプレゼントがないというのも寂しいので、私たちは天体を学べる絵本や日本のマンガもおまけに加えることに。

夫が近所のお気に入りの本屋「L'Infinie Comédie（ランフィニ・コメディ）」で一通り買い揃えて帰ってきたと思ったら、興奮して報告された。

「二階ができてる！　子供用書籍専門で、日本のマンガコーナーも充実してたよ」

なんと売り場が拡大したという。工事をしているわけでもなく、外観の変化はなかったので全く気付かなかった。ノエル商戦に合わせたリニューアルに違いない。

そうと聞けば私も偵察に行かねば気が済まず、友人たちへのプレゼント探しを兼ねていそいそと出かけた。以前は子供用書籍が並んでいた店の奥の一角には、哲学、歴史、ルポルタージュなどが置かれている。小説が充実し、小さいながら「日本文学」のコーナーまでできていた。本棚自体も真新しいものに変わっていて、柔らかな木肌の色味と木目が美しい。

そして矢印に導かれ、わくわくしながら二階へ。一歩足を踏み入れて、その広さに驚いた。一階の半分近くあるのではないか。つまり、いきなり一・五倍の売り場面積。街の小さな本屋がこれだけの空間を隠し持っていたなんて魔法のようだ。全く余計なお世話だが、思い切った拡大戦略に出られるほど儲かっているのだなと安心もした。

まずは今回、特に気になっていたマンガの品揃えをじっくりチェック。バスケットボール好きの夫に、ことあるごとに『SLAM DUNK』をあげてちまちま読み進めているのだが、大型チェーン店以外で並んでいるのを見たことがなく毎回注文していた。二〇二一年七月に新装版が完結したこともあり、ずらりと並んでいるのを期待したが、やはり見当たらず少しがっかり。

だが意外なマンガの豪華版もある。一際目立った大判で分厚い黄色のカバー『BANANA FISH』の第一巻を、友人へのプレゼントにすることに。贈り物には続きものではなく一冊読み切りのほうが良いかとも思案したが、私の大好きな作品だ。自信をもって「おもしろい！」とすすめられるものが見つかって嬉しい。

次に夫から頼まれたフランスのＢＤ、日本でも『未来のアラブ人』（鵜野孝紀訳、花伝社）が翻訳されているリアド・サトゥフの新作『LE JEUNE ACTEUR（若手俳優）』を探す。作者は今を輝くフランスの若手人気俳優ヴァンサン・ラコストを見出した映画監督でもあり、彼が映画の道を歩むことになった十四歳のオーディション時からを描いたエッセイマンガらしい。ちなみにその映画『Les Beaux Gosses（いかしたガキども）』はさえない男子学生の青春コメディで爆笑の連続なのだが、日本未公開らしくとても残念……

二階は子供用書籍、と呼んでみたものの、ＢＤは大人向け作品も多い。確かに絵本や青少年向け作品も充実しているが、売り場に入ってすぐの平棚はイラストのタッチからして明らかに大人向け。フランスでは本にシュリンクをかけることは滅多にないため、中をぱらぱらと確認してみると、びっくりするほどブラックだったり、エログロだったり……事前に中身がわかるので、ジャケ買いで失敗することがなくありがたい。

だがお目当ての新作は大人向けのはずだが見つからず、結局カウンターのお兄さんに尋ねると「ここですよ」とにっこりカウンターの下を指さされた。表紙をこちらに向け、二段の陳列棚全てがこの作品で埋まっており、明らかにイチオシ。気が付かず恥ずかしい。

BANANA FISH
YOKAI

ぐるりと売り場を一巡りしてから、このお兄さんに「写真を撮ってもいいですか」と尋ねると「どうぞどうぞ、僕はどきますね」と恥ずかしそうに移動されてしまった。

会計はいつも通り一階。本に値段が記載されていないことも多く、気になる場合はいちいち確認しなくてはならないのが面倒なのだが、今回は二冊で三十ユーロくらいだろうと予想しつつお財布を開いた。が、店員から四十ユーロ近い値段を告げられ、思わず聞き返してしまった。

レシートを確認すると『BANANA FISH』が十六・九九ユーロ（一ユーロ百三十円とすると約二千二百円）、『LE JEUNE ACTEUR』は二十一・五ユーロ（約二千八百円）……そう、こちらでは本が総じて高い。ノートやコピー用紙といった紙自体も高い。だから本が贈り物としても一般的だし、「本を大切にしよう」という気持ちも強くなるのかもしれない。

「今年のプレゼントのリクエスト、『未来のアラブ人』にする」

リビアとシリアで過ごした作者の幼少期を描いたこのBD、アングレーム国際漫画祭の

最優秀賞を受賞するなど評判が高いのは知っていたが未読だった。本屋で現物を見て俄然興味を抱き、ほくほくと帰宅したのだが、

「そんな！　サプライズでもう用意してたんだよ、まさにそのBDを。でもこれじゃ頼まれて買ったみたいじゃないか！」

夫は悲痛な声を出して萎れてしまった。「ちょうどいいじゃない」とフォローを入れつつ、密かに別のことも考えてニヤリとする。来年は第二巻をプレゼントされるはずで、数年は毎年頭を悩ませるプレゼントリクエスト問題から解放されるぞ……

横浜と有隣堂　*2022.5*

二〇二二年五月。今年、日本では二日の月曜と六日の金曜に休みを取り、四月二十九日から五月八日まで、ゴールデンウィークを十連休にする人も少なくないと聞く。

フランスでは五月一日は「Fête du Travail（フェット・デュ・トラヴァイユ）」という労働記念日。つまり「メーデー」で、祝日だ。日本は十一月の「勤労感謝の日」は祝日でも、五月一日は平日だったなと思い当たる。調べてみると、日本の「勤労感謝の日」は農作物の恵みに感謝する古来の伝統行事「新嘗祭《にいなめさい》」が起源で「勤労をたっとび、生産を祝い、国民たがいに感謝しあう」日。「メーデー」はアメリカで労働者たちがストライキを起こしたことで生まれた「労働者の権利の日」なので、全く異なるものらしい。

同時に、五月一日といえば「すずらんの日（Jour de muguet）」。幸福をもたらすとされる、白く可憐な花を大切な人に贈る日だ。一五六一年に当時のフランス国王・シャルル九世がすずらんをもらって感激し、宮廷の女性たちに毎年プレゼントするようになったことが、この慣習の起源だとか。

数ある祝日のなかでも、クリスマス、元日、そしてメーデーだけは断固休むという店や施設も多いなか、花屋だけは大忙し。更におもしろいことに、五月一日だけは誰でも好きな場所ですずらんを売って良いとされているため（正式には規定もあるらしいが）、駅前や広場に「すずらん売り」が出没する。小さなテーブルを広げ、お手製へなちょこブーケを並べている男性などを見かけると、なんだかほっこりする。などと長々書いたわりに、私は贈られたことも贈ったこともなく、毎年「あ、そういえば」と当日になって気付き、後ろ髪を引かれるままに終わっていく。

今年も同様に「あ、そういえば」と気付いたのだが、それは日本の実家の近くを散歩中、ケアハウスの前に出ている「今日はなんの日」といった趣旨の掲示板でだった。

そう、約二年半ぶりに一時帰国が実現したのだ。

二〇二〇年の五月、夫と義父母と共に関東&関西旅行を予定していたのだが、コロナ感染拡大により中止。「いつか必ず」と話してはいるものの、今現在も外国人の日本入国には制限がある。夫でさえ入国のためには特別ビザが必要で、その申請には日本人配偶者の戸籍謄本が必要だったりと恐ろしく手間がかかる。そんな事情もあり、私は二年前には想像もしていなかった新しい家族、六ヶ月の赤ん坊と共にようやく日本に戻ってきた。

この帰国も一筋縄ではいかなかった。ウクライナ情勢で予約していた直航便は欠航となり、その後も変更に変更を重ね、最終的にパリからフランクフルト経由でロシア上空を回避する南回りルートという長い長い旅路に。赤ん坊との初フライトで長時間は気が重かった。出国直前には夫のコロナ陽性が判明。家庭内感染するのではと日々ストレスだったが、帰国の執念が勝ったのか、私も赤ん坊もなんとか無事に陰性で飛行機に乗ることができた。羽田空港のスタンプラリーのような入国審査を経て、最後のPCR検査もパスし、日本の家族の笑顔が待っていたときには心底ホッとしたものだ。

実家は横浜の埋立地にある緑の多い団地で、お年寄り世帯とニューファミリー層が共存する平和を絵に描いたような湾岸地区。八景島シーパラダイスに自転車で通える距離で、高校時代は園内のレストランでアルバイトをしていた。年越しイベントの際、バックヤードの氷を補充しながらMISIAの「Everything」をBGMに盛大に打ち上がる花火の音に耳を傾けたのも、今では良い思い出だ。

というわけで、最近「パリ郊外と本屋さん」になりつつあったエッセイだが、今回は完璧な番外編「横浜と本屋さん」と題してお送りさせて頂きたい。

一時帰国の目的のひとつに「書き物のための参考資料」と「赤ん坊の読み聞かせ絵本」の購入があった。とはいえ実家の近くの書店はイオンやイトーヨーカドーといったスーパーに入っている小さな店ばかり。懐かしの定番絵本は買えたものの、専門書や個性的な選書に期待はできない。横浜を舞台にした作品を構想中のため、ロケハンを兼ね有隣堂・伊勢佐木町本店まで繰り出すことにした。

「有隣堂」は一九〇九年創業。社名の由来は「徳は孤ならず、必ず隣有り（大意：徳のある人は孤立することはなく、必ず理解し共鳴する人が現れる）」という論語の一節だそう。現在では、神奈川、東京、千葉を中心に書店やブックカフェなど四十店舗以上を構えているらしい。

私は小さい頃から「有隣堂＝大きな本屋さん」と信じており、かなり最近まで誰もが知っている全国区の書店であると疑わなかった。実家を出て総武線沿いに住んでからも、秋葉原（二〇二三年一月閉店）や錦糸町、閉店した市川などの店舗で日常的にお世話になっていたため、日本のどこに行っても有隣堂があると勘違いしていたのだ。

有隣堂の思い出といえば、なんといっても文庫本のカバー。かたつむりのマークがついた十色のカラー紙の中から、好きな色を選ばせてもらえる。ドストエフスキー『地下室の手記』はワインレッド、宮本輝『星々の悲しみ』はライトブルーなどイメージカラーを考えてみたり、歴史小説はグリーン、恋愛小説はピンクとジャンルで色分けしてみるのも楽しい。

実はこのカバー、十枚一組で販売もされている。手持ちの文庫に巻けばあら素敵、古本でも有隣堂で買ったピカピカの新品みたい！　気になるお値段、今なら税込一六五円‼　好きな色だけ選ぶこともできるが、私は十色各一枚ずつをセットにして本好きの友達にプレゼントし、自己満足に浸っていた。いくつかの店舗で購入したが、各色を少しずつずらしてくるくる巻き、十二単の袖のような美しいグラデーションの筒状にしてラッピングしてくれたことがあり大感激したものだ。フランスの文庫本「Poche（ポッシュ）」は新書のようなサイズのため、この文庫カバーをお土産にしても使えないのが残念でならない。

ベビーカーを押しての有隣堂出陣は、できるだけ混雑を避けようとゴールデンウィーク前の平日昼間にした。赤ん坊連れで電車に乗るのは初めてで緊張したが、関内駅の北口が改修工事を経て広々とフラットな作りになっていて助かった。

伊勢佐木町本店は約十年ぶり。一歩足を踏み入れた瞬間に頭をよぎったのは「こんなに小さかったっけ？」――いや、地階から六階までビルまるごと本屋なのだから決して小さくはないのだが、東京のどーんと広い敷地面積の書店と比べてしまうと、圧倒的に「狭い」印象なのだ。

この日は横浜の詳細地図を買おうと決めていた。全国津々浦々の地図が引き出しに入っているコーナーがあったはず……遠い記憶を頼りにフロア情報を調べると、六階に「地図・地形図」を発見。同じ階に「児童書」ともあり、絵本を探すのにも好都合だ。年季の入ったエレベーターで一気に最上階へ上がるも、ベビーカーを押していると乗り合った他のお客さんに申し訳ない。赤子連れで書店は、やはりハードルが高いか……

エレベーターを降りると右手すぐに階段があり、すぐそこが屋上のよう。小さな換気扇が回っている寒々とした壁にうら寂しさが漂うも、気を取り直して左手の絵本コーナーへ。自分の子供時代にはなかった絵本がずらりと並ぶ光景にわくわくし、とはいえ何を選べば良いかと迷ってしまう。そんなとき『いくつのえほん』という冊子が目に入った。表紙に「ママ・パパが選んだ親子で読みたい年齢別絵本130冊」とあり、迷わず手に取る。

実は一階で既に『有鄰』というフリーペーパーもゲットしていた。手書きらしい題字が妙に下手で「これが味なのかなぁ」と首を捻っていたら「題字は武者小路実篤」とあり仰天。なんと一九六七年から続く歴史あるタブロイド判情報誌だった。本の紹介はもちろん、コラムやエッセイなど意外に読み応えがあり、さすがという他ない。

私はこうした軽い読み物をバッグに忍ばせて外出するのが大好きなので、思わぬ戦利品にほくほくした。そしてふと、こうした無料情報誌の豊富さは日本ならではかもと思う。書店だけでなく、カフェや施設などでもよく目にするうえ、個人で制作している愛の詰まったZINEから、企業がフルカラーで刷っている売り物のようなものまで幅広い。フランスはどうだろうと思い返してみると、四〜五作品のマンガの一話目のみ収録された雑誌をもらったことがあったが、プロモーション用に作られたものなので「情報誌」とは少し性格が違う。

日本ではなぜこれほど至る所に、利益を求めない素敵な活字が溢れているのだろう。フランスと比べると、印刷物の安さや識字率の高さが理由のひとつかもしれないが、それだけではない気がする。無料ではなく数百円という値段が付いていたとしても、実際には利益度外視で情熱に突き動かされて作っているとしか考えられないものが多い。「実はちょっとすごい文化だぞ」と密かに興奮したのだった。

さて、いよいよお目当ての地図。記憶よりこじんまりしていたものの、カウンター横に例の引き出しがあった。さすがの品揃えに嬉しくなりながら、専門知識を拝借しようと店員さんに相談。てきぱきと数パターンの地図を提案してくれ、最終的に別途設けられている地図コーナーから『都市地図／神奈川県1／横浜市』（昭文社）を購入した。ほぼイメージ通りの地図が見つかり、有隣堂までやってきた甲斐があった。ネットで買うこともできるのだろうが、地図は広げてみないと細部や使い勝手がわからない。やはり自分の目で見て選ぶに限る。

その後、近くの不二家で知人と待ち合わせて苺パフェを食べ、良い気分で帰宅。有隣堂の公式サイトを覗いてみたところ、医学書に特化した店舗があったり「有隣堂しか知らない世界」という本や文房具について語るYouTubeチャンネルまであると知って驚いた。あの『有鄰』もWeb版で読むことができるので、気になった方は是非。

まるで有隣堂の回し者のようだが、正直なところずいぶんご無沙汰だった。だが〈浜っ子〉を自認する身として、明治から続く有隣堂の歴史を読むと、ささやかでも帰国時には顔を出そうと思わずにはいられない。

これを書いている五月七日、朝日新聞の夕刊一面の大見出しは「本の街に141年　いったんさよなら　三省堂神保町本店　一時閉店」だ。

＊二〇二三年十月現在、六階は「イベントスペース／YouTubeスタジオ」に。また、地形図の販売は終了している。

YURINDO
YURINDO
有隣堂

油断とパティスリー　2022.7

近くにいる友達とはいつでも会えるような気がして「落ち着いたら」なんて言っているうちに何年も経ってしまったりする。このパターンで、せっかくパリに異動してきた知人と何度もメッセージのやり取りはしていたのに、結局会わずじまいのまま日本に戻られたケースもある。

この初夏、まさにそのパターンになりそうだったH氏を捕まえ、パリでランチをした。H氏とは彼がフランス演劇や舞台の研究のためにパリに留学していた頃、パリの短歌クラブで知り合った。だが実は新進気鋭の若手俳人であり、日本では共に「五七五ワークショップ」の講師役としてお声がかかったり、古典文学について語る座談会をご一緒した縁もある。

そんなH氏が数年前、大学講師の職を辞し「主夫」としてフランスにやってきた。奥さんの仕事に帯同し、幼いお子さんの子育てを引き受けるという。とはいえパリのアパルトマンで仕事もこなし、いつのまにかフランスで最も権威ある「ゴンクール賞」の最優秀新人賞受賞作の日本語翻訳まで担当されているのだから恐れ入る（『ベケット氏の最期の時間』マイリス・ベスリー著、早川書房）。

とても穏やかで面倒見が良く、人徳があり顔が広い。聡明さと切れのあるユーモアを持ち合わせたH氏は「これをesprit（エスプリ）と呼ぶのか」と膝を打ちたくなるような紳士である反面、偉そうなところがちっともなく、気取らずにだらだら話してもいい気楽さを持った稀有な人だ。

新米の親になった身としてフランスの子育て論などを拝聴しつつ、H氏おすすめのカジュアルなブラッスリーで亡き元大統領ジャック・シラクの好物「Tête de veau（仔牛の頭）」に舌鼓を打った。ゼラチン質のもっちりねっちりした歯触りがおもしろく、好みが分かれそうな一皿ではあるが、内臓系が好きな人にはお勧めしたい。

外食自体がとても久しぶりで、かつクラシカルなフレンチなど何年ぶりだろう。街中でも交通機関でもマスクをしている人などほぼ皆無で、フランスはコロナ以前の姿を取り戻してきたと実感する。

久方ぶりの近況報告にも花が咲き、私は取り組んでいる新作長編について話した。

「パリで修業をした元パティシエールを主人公にした物語を考えてるんですけど、お時間があれば散歩がてら少しお付き合い頂けませんか？」

食事の後、そんな私の一方的な用事に快く同行してくれた。


まずは一七三〇年創業、パリ最古のパティスリー「Stohrer（ストレー）」へ。ルイ十五世に仕えた宮廷菓子職人だったニコラ・ストレーの始めたこの店は、ラム酒の染み込んだ大人のケーキ「ババ・オ・ラム」発祥の地としても有名だ。この伝統ある名店に「シブースト」というケーキが売っていないか調査に来たのだったが、置いていなかった。クリームパイの上に林檎の甘煮をのせ、「シブーストクリーム」という口溶けのよいクリームではさんだ背の高いムースケーキのようなもので、日本では定番ケーキの仲間入りをしつつあるように思う。フランスの伝統菓子と言われているのだが、実はこのケーキ、こちらでは全く見つからない。そこで興味を持って調べていたのだ。

ストレーの公式サイトでは、店の歴史のなかでちらとシブーストについて触れていたので残念ではあったが、グルメなH氏も初訪問とのことで喜んでくれた。お互い少しばかりケーキなど購入して先に進む（ちなみにここで買ったクグロフが感動的においしく、後日また買いに来た。そして過去にはシブーストを扱っていたことも判明）。

Google Mapsを頼りに数分歩いたところで、予想よりずいぶんと質素で地味な書店を発見。ショーウィンドーに描かれたピンク色の鍋やフライパンといったイラストは目立っているものの、白いテント屋根は汚れてくすみ、店名すら読みにくい。「depuis 1985（1985年から）」とあるその書店こそ、食の専門書店と名高い「Librairie Gourmande（リブレリ・グルマンド）」だ。かれこれ三、四年前からチェックしていたものの、やはり「いつでも行けるさ」とタカをくって機会を逃しまくっていた店に、満を持して足を踏み入れることができた。

外観で小さいと感じたものの、意外と奥が深い造りになっている。更に二階まであるではないか。「食に関わる本を集めた本屋さん」という紹介文をネット記事で読んだとき、漠然と「へぇ、おもしろそう」とだけ思った。だが一口に「食」と言っても、レシピ本やグルメ本はもちろんのこと、食を扱った健康指南書から小説まで様々な切り口があることを目の当たりにして唸る。この本屋で選書をするのはさぞ楽しいだろう。

圧倒されたのは、なんといっても一階突き当たりのワイン関係のコーナーだ。皆さんなら、どんな本をここに並べるだろうか。ワインについて学べる本、蘊蓄、歴史……私が思い浮かぶのはそんなところだが、ハードカバーの本がびっしり詰まった七段の本棚には「Vignobles de France（フランスのブドウ畑）」、「Confréries（組合）」、「Sociologie（社会学）」といった項目が付いている。しかも本棚はひとつではない。

もちろんそんな専門家か業界人向けのお堅い本ばか

りでなく、大きなシマでは軽く楽しめそうな本もたくさん並んでいた。かわいいイラスト付きの「ワインを飲んで口説くには」といった内容の本に、さすがフランスと深く頷かされる。

目を引いたのは、譜面のように広げられた本。ワインエキスパートの試験勉強にでも使うのか、ワインを評するときに使う五十四の香りの小瓶と、その解説書がセットになっており、タイトルは『Le nez du vin（ワインの鼻）』。付録本という括りに入れていいのか悩むが「英語版、イタリア語版、スペイン語版、ドイツ語版もあります」とメモ書きがついていたから、それなりに人気があるのだろう。お値段三百ユーロ也。日本円が下がった現在、一ユーロ百四十五円で換算すれば、四万三千五百円……私はテスターのように展示されているその小瓶から柑橘系の香りを嗅いで「ほぅ」と息をついてしまった。H氏はワインの勉強をされているそうで、かなり興味を示していたが「さすがに荷物になる」と帰国を前に見送られた。

フランスはワインの国である——そんな矜持を見せつけられる一角だった。

一通り一階を見て回り、目的の「シブースト」関連の書物を探そうと二階のパティスリーコーナーへ上がった。フランス菓子のレシピ集を片っ端から確認したが、やはり「シブースト」は見当たらない。ただ「サントノレ」というシュークリームを重ねたケーキに使うため「シブーストクリームの作り方」は紹介されている。

現在のフランスでは「シブースト」というケーキそのものは影を潜め、カスタードクリームにメレンゲとゼラチンを合わせて作る「シブーストクリーム」が生き残っているらしい。周囲のフランス人にもアンケートを取ってみたが、だいたいの人は首を傾げ、かろうじて義母が「シブースト」と聞いて「クリームでしょ」という反応だった。

自分のなかでひとつの結論が出て満足すると、パティスリーのガイド本などが気になり出す。私は近所のパン屋で売っているケーキでも十分に満足してしまう質なので、実はパリの有名店のケーキをほとんど食べたことがない。「いつか機会があるだろう」と、これまた先送りにしているのである。

うろうろしていると、小さな本棚になんと日本語の本があった。『パリのお菓子屋さん』、『パリのお菓子屋さんアルバム』（共に、主婦の友社）などなど。日本がパティスリー大好き王国であるという評判が本場フランスにまで届いているのだろうか……そう訝しんでよく見ると、図鑑のような『日本料理大全』（日本料理アカデミー）シリーズや『西洋料理の演出』（柴田書店）といった硬派な本もある。どんな人が買っていくのだろうかと興味が尽きない。

『La Cantine de minuit（深夜食堂）』、『Toriko（トリコ）』など翻訳された食マンガコーナーも冷やかすと、『Les recettes pirates de Sanji（海の一流料理人　サンジの満腹ごはん）』というフランスでも大人気のマンガ『ONE PIECE』の翻訳レシピ本まであって驚いた。

ところでレシピの翻訳というのは、ある程度その国で作りやすい／受け入れられやすいように変更するのだろうか。外国料理を紹介するレシピ本なら、もともと現地の人の味覚に合わせて作られているだろうけれど。

例えばフランスの出版社から刊行されている『Les recettes des films du Studio GHIBLI（スタジオジブリの映画レシピ）』では『千と千尋の神隠し』に出てくる「おにぎり」のレ

シピがあり、まさかの酢飯にツナマヨだ。あの映画の世界観なら、日本人はシンプルに塩むすびか梅干し、鮭あたりを想像するのではないだろうか。しかも用意する材料として写真に写っている海苔は韓国海苔。「海苔」という食材自体がまだまだマイナーで、国が違えば味も違うと知らなかったに違いない。

話を戻し、フランス料理の日本語翻訳レシピを想像してみると「ポロネギ（または長ネギ）」というように、手に入りにくい食材には代用品も併記されている気がする。味を含め、翻訳レシピのアレンジを妄想するのは意外とおもしろいかもしれない。

帰る時間が迫っていたので、それほどのんびり滞在してはいられなかったが、日本関連の本がかなり食い込んでいるのがわかって妙に嬉しかった。

「帰国前にもう一度くらい来られるかなぁ」

「今度は買う気でゆっくり来たいですね」

などと語らいながら、ほくほくした気持ちで「Librairie Gourmande（グルメ書店）」の名に偽りのない本屋を後にした。

会いたい人に会い、行きたい店に行き、食べたいものを食べる——

いつでもできると思って油断してばかりいるが、それが「いつでもできる」ことではないとこの二年半に嫌というほど知らしめられた。重い腰を上げて、気になっていたパティスリーのケーキも食べに行かなくては。

3 ― AAAPOUM BAPOUM／Serpente（アアアプム・バプム／セルポント店）

マンガ通りに並ぶマンガ・BD専門店のひとつに「AAAPOUM BAPOUM」のダント店があるが、そこから歩いて五分程度の「セルポント店」まで是非足を伸ばして頂きたい。大通りではなく細い道にあるせいか、静かで親密な空気に満ちており、とても居心地が良い。

古本専門店でBDやコミックの他、マンガコーナーも充実している。新刊メインの書店では手に入らないレアな絶版本と出会える可能性も。黄色いポップとごっちゃり感が、日本の「ヴィレッジヴァンガード」を連想させ、どことなく懐かしい雰囲気だ。本を床置きしてびっしり並べているのも特徴的。地下にもスペースがあるので忘れずにチェックしてほしい。

実はこの「AAAPOUM BAPOUM」のセルポント店、私がパリで初めて入った本屋さんでもある。ワーホリで渡仏した翌日に映画館に行き、その隣になにやら気になるオーラを放つ黄色い建物を発見。でかでかと「ＢＤ」と書かれていたが、当時はそれが「バンドデシネ」の略ということすら知らなかった。中を覗いて本屋さんらしいと感動していると、ショーウィンドーに貼ってあるイラストに目が止まった。手漕ぎボートで本の海を泳ぐ、かわいくない少年。そしてなんと、本のなかの一冊に『ガロ』の文字が！

「フランスでは日本のマンガが人気とは聞いていたけど、本当に本当だったんだ……！」

あのとき独り拳を握りしめ鼻息を荒くしたものの、当時は「ガロ系」作家の仏訳が並んでいた記憶はない。だが二〇二〇年、欧州最大規模のマンガの祭典であるフランスのアングレーム国際漫画祭で、つげ義春が特別栄誉賞を受賞した。漫画祭はつげ義春を「マンガ界のゴダール」と紹介したという。数年越しで壮大な伏線を回収してもらったような気分だ。

はにかむような笑顔が素敵な書店員のヴェロニカさんにお話を伺った。

A　お客さんの年齢層と売れ筋を教えてください。

お客さんは二十〜四十代が多いわね。十代もいるけれど、上は五十代までかな。人気のマンガはお客さんによるわね。たくさんのジャンルを扱っているし。でも若い人にはやっぱり『ONE PIECE』や『NARUTO』が人気。

B　マンガとBDにどんな差があると思いますか？　購入するお客さんも異なりますか？

まず大きな違いはシリーズのボリューム。マンガは圧倒的に長い。例えば（近くの棚に並んでいる『BLEACH』を指さし）、これは六十九巻よ！（二〇一六年当時。日本では同年に全七十四巻で完結）BDはだいたい一冊で完結していて、シリーズでも最長十巻がいいところじゃないかしら。あとは作品のリズム。コマ割りが全く違うわね。

購入する人の違いというよりは、年代の違いがあるんじゃないかしら。六十代以上の人はBDも読まないし、マンガも読まない。日本のマンガがフランスで翻訳され始めたのはそんなに昔からじゃなくて、一九八〇〜九〇年代。そのころの作品を見て影響を受けた人たちが、今も一番マンガに親しんでいると思うわ。

C　フランスで有名なマンガ家といえば誰ですか？

谷口ジロー。ほかのマンガは読んだことがなくても、谷口作品ならという人もいるわ。私が思うに、彼のイラストはフランスのBDに通じるものがあるんじゃないかしら。シンプルな線でリアリティがある。私たちからすると、とっつきやすいの。彼が描くものは典型的な日本というのもいいんじゃないかな。あとはホラー作品を描く伊藤潤二でしょ。ほかに……

「(近くにいた店員さんが) 鳥山明！　大友克洋！　CLAMP！」

ああ、そうね。それに松本大洋も有名ね。

D　お気に入りのマンガを教えてください。

すごく難しい質問だわ。たくさんあるんだもの。でも松本零士の作品は全て好き。彼の描く宇宙が大好きなの！　あとは、うーん、悩むけど『SOIL』、『les saisons de Miyori（ミヨリの森）』かな。

BD
occasions
BD
mangas
BD
AAAPOUM BAPOUM

本屋と必然　2023.2

寒さが肌を刺すものの、冬晴れが気持ちの良い二〇二三年二月初旬。携帯MAPを確認しながら、パリのカルチェ・ラタンにあるブックカフェに向かった。パンテオンの正面は人だかりだが、裏手に続く石畳の脇道は落ち着いており、二〇二一年にオープンした「TRAM Librairie Café（トラム・リブレリ・カフェ）」も、通りに溶け込むような品の良い佇まいで期待が高まる。

右手が本屋、左手がカフェと小さな店がふたつ繋がったような外観。緩やかな坂道のため、本屋のほうが一段高い造りになっている。両方の店の前に共通したテーブルが出されており、この日は本屋の前のテーブルでカフェとおしゃべりを楽しむグループの姿があった。こう寒いのにすごいなぁと感心したが、足元の大きな犬がなんとなく恨めしげなのにクスリとする。

カフェに入ると十三時でも人がぎっしりの大盛況。ピアニストのOさんが予約してくれていたおかげで席につくことができ、おすすめのクロックムッシュを頼んだ。軽食をイメージしていたが、濃厚なベシャメルソースにハムとチーズ、トリュフ塩の香り高い一皿で、本格的な料理と呼べる味わいとボリュームだ。

このブックカフェのオーナーは、何を食べてもおいしいと評判だった「CAFÉ TRAMA（カフェ・トラマ）」のオーナーの娘さんという。世界最古のデパート・ボンマルシェの近くにあった「TRAMA」が惜しまれながら閉店し、パンテオンのすぐ脇で新たな形態「TRAM」として世代交代し生まれ変わったのだ。「TRAMA」で腕を奮っていた父君は、ここ「TRAM」ではデザート担当というが、クロックムッシュは旧カフェの定番メニューのひとつでもあったらしい。

口の中でじゅわっとバターが広がるカリカリのパンを噛みしめ、内部で繋がっている隣の書店を眺める。こんなおいしい香りの満ちた本屋さん、空腹で訪れたら危ない……

Oさんとお会いするのは二度目だったが、感覚的に合う人というのは今まで重ねてきた時間とは無関係に話が弾むものだ。私たちが出会ったのは、年末の飛行機のなかだった。

そう、私は再び日本に舞い戻っていたのである。

昨年五月に赤ん坊と一時帰国した際、数年ぶりに会った母は背中が曲がり、身体もひとまわり萎んだようで「歳を取ったなぁ」と痛感せざるを得なかった。初孫に相好を崩す母を前に寂しさが胸に迫り「できるだけ母に孫の顔を見せにこよう」と心に決めた。

飛行機でバシネットと呼ばれる簡易ベッドが使えるのは、航空会社にもよるが約十キロまでの赤ん坊。成長具合からいって、我が子がバシネットを使えるのはこの冬が最後。「日本のお正月」に憧れを抱く夫のためにも、初めて年末年始で帰国したというわけだ。

二〇二二年十月十一日、日本の新型コロナウイルスの水際対策が大幅に緩和された。一日当たり五万人という入国者数の上限がなくなり、個人の外国人観光客も入国可能に。そしてついに、入国時の検査と自宅待機もなくなった（感染が疑われる症状がある場合を除く）。三回のワクチン接種証明書、または出国前七十二時間以内の陰性証明書を提出すればよく、それも「Visit Japan Web」から事前に手続きを行うことができるようになり、帰国者・入国者の負担はずいぶん減ったと思う（以前のサービス「My SOS」はあまりに使い勝手が悪く、何度も発狂しそうになった）。

十二月半ばすぎのパリ羽田直航便は満席だった。ほぼ満席、という状況なら今までも何度か経験しているが、本当に満席というのは初めての経験。ようやく日本の鎖国が解けたのだから混雑するだろうと覚悟はしていた。が、三席並ぶ三列シートのど真ん中で赤ん坊を抱え、前後左右ぎっしり人がいることを考えると気が塞いだ。夫はフランスでノエルを家族とすごしてから大晦日に日本で合流することになっており、行きのフライトは一人だったのだ。

両隣に座る男性と女性に恐縮し切って挨拶すると、お二人ともとても気持ちよい方で、どれだけありがたかったかわからない。膨大な手荷物を片付け、赤ん坊の耳抜きのためにミルクを用意する。興奮した様子の赤ん坊を膝に抱き、いよいよ離陸を待つばかり……となったが、窓の外が騒がしい。飛行機の羽に霜が降り、凍ってしまったのを溶かす作業をしているとアナウンスがあった。当時フランスは連日氷点下だった。

「こんなこと珍しいですね」

お隣の女性と自然に会話が始まった。共通の知人がいることも判明し、いつのまにか打ち解けていた。それがOさんだ。赤ん坊も遊んでもらって調子付き、私が一瞬席を外す際には子守も買って出てくださったりと、約十三時間半にわたるフライトで本当に助けて頂いた。

機内は慌ただしく、朝食の配膳も忘れられてしまったが「赤ん坊を抱えて食べるのも無理か」と諦めたとき、Oさんは友人に持たされたというパリのラーメン店の特製おにぎりを分けてくださった。片手で食べられるどこか懐かしい味のする鮭むすびと、どこまでも優しいOさんに勇気付けられたものだ。

お互いの仕事の話をするなかで、このエッセイのことも話題に出すと「素敵なブックカフェがある」と嬉しそうに教えてくれた。パリでの再会を誓い、それが叶って冒頭の話へと繋がる。

TRAMのオーナーによると、本屋とカフェのお客さんの多くは交差しているという。「先日は本を買ったけど、今日はコーヒーを飲みに」とか「カフェに入ったら、本屋さんが気になって再訪した」というように。それこそがこの店独自の楽しみ方でもあるだろう。

TRAM . CAFÉ
TRAM . LIBRAIRIE

ESPIONS
PENNAC

本屋は小さいスペースながら、独立系の小さな出版社にも目が行き届いた選書で、少しずつ多くのジャンルをカバーしている。特徴的なのは、カフェに面している棚の食にまつわるセレクトだろうか。コーヒー、ケーキ、果物、野菜、海藻etc.……とシンプルなタイトルが並ぶと同時に、アフリカ、アルメニア、モロッコ、中国、韓国など世界各国のレシピ本に、オリエンタル、バスク、クレオールなど、イメージできそうでできない料理の本まで幅広い。

レジ横にはパリ関連コーナーがあり、『How to be Parisian』、『Another Paris』など英語の本も置かれていたので、お客さんは立地的に観光客が多いのだろうかと質問してみた。金髪ショートにオレンジの丸眼鏡が似合う女性書店員さんによると、店は細い裏道に構えているため、意外にもさほど観光客は多くなく（週末は増えるらしいが）、近くのソルボンヌの学生や地元の人など雑多な顔ぶれという。

クールな雰囲気だがとても気さくな書店員さんで、フランス人BD作家による日本滞在記風の作品を勧めてくれたり（私も似たテイストの別作家によるBDをお勧めし返したり）、日本語の本を仕入れる際の裏話も聞かせてくれた。

「例えば『日本語のオリジナルでマンガを読みたい』ってお客さんがいるとするでしょ。そしたら私たちはJUNKUに買いに行くの。普通のお客さんと同じように」

なんと左岸から右岸へとセーヌ川を越え、オペラ近くにある日本語書籍専門店であるジュンク堂まで注文のあった本を買いに行くという。「自転車だし、そう遠くはないけど」と笑って肩をすくめられたが、手数料も取らないというので、つまり単なるお使い。サービスだ。こうした「出張買い出し」は、書店によっては同業者として五パーセント割引になったりもするらしいが、数十円の利益で見合う手間ではない。それでも「うちの本屋では扱っていないので」とお客さんを門前払いしないところに感服してしまう。

「数冊の本をわざわざ輸入するなんてできないから。税金も高いし……英語圏の本はスイス経由で購入したりしてるのよ」

なるほど輸入となると搬送費だけでなく、EU圏（スイスは非加盟）の関税やフランスのTVA（テヴェア）と呼ばれる付加価値税は高く、計算も複雑なのだろう。基本的に非課税のはずの個人間の贈り物（ギフト）でさえ、輸送業者が独自で決める手数料があったりして、受け取りのために納得できない高額な支払いを迫られることはザラだ。

そういえば飯田橋にあったフランス語書籍専門店「欧明社」は、昨年閉店したのだったなぁ……と頭の片隅で寂しく思い返していると「日本文学の仏出版社といえば『Picquier(ピキエ)』。あの小川糸を紹介したのもここなのよ」と教わり、膝を打った。映像制作の仕事中、本好きというクライアントから「日本文学のファン。特に小川糸!」と熱く語られて驚いたのだが、どうやらこの出版社が『Le restaurant de l'amour retrouvé(食堂かたつむり)』の翻訳出版を手がけたのを機に、フランスで小川糸が大ブレイクしたらしい。

店員さんは丁寧にも同じくパリ五区にある「Le Renard Doré(ル・ルナール・ドレ＝「金色の狐」の意)」という日本の仏訳マンガ・書籍やグッズの専門店まで紹介してくれ「À bientôt(またね)」と別れた。初対面でも従業員と客という枠を感じずに話し込めるのは、フランスならではかもしれない。

「サン＝ルイ島に旅行専門の古い本屋さんがあって……まだやってるかなぁ」

腹ごなしの散歩も兼ね、Oさんにもうひとつのお勧めの本屋さんまでお連れ頂いた。坂を下ってセーヌ川を渡り、ノートルダム大聖堂のあるシテ島へ。ストリートミュージシャンで賑わう橋を経由し、サン＝ルイ島に入る。

パリのど真ん中、セーヌ川に囲まれたこの美しい小さな島は、私にとって「歴史ある高級観光地」でしかなかった。だからその島の中央に、煌《きら》びやかさとは対極の古書店「Librairie Ulysse（リブレリ・ユリス）」が今もひっそりと息づいていることに少なからず感銘を受けた。

煤けたような年季の入った石造りの建物に、鈍く光る金色の斜体で「pays et voyages（国と旅行）」と掲げられ、店名の「ULYSSE」の「L」は抜け落ちている。店の前に無造作に置かれたダンボールやラックには一ユーロ、三ユーロなどディスカウント本が並び、道行く人が興味深そうに足を止めては、開いているのか定かではない薄暗い店内を覗き込んでいた。

ドア横の掲示板には、白髪のチャーミングなおばあちゃんが本棚の後ろから顔を出して笑っている写真に、「世界で最も古い旅行書籍専門店」と大見出しがついた記事が貼り出されていた。今年で開業五十二年目らしい。

パリの古地図が貼られたショーウィンドー越しに、本に埋もれるように座っている白髪

pays et voyages
LIBRAIRIE
ULYSSE
ULYSSE
OUVERT
OPEN
SONNEZ

の女性が見えた。入店するにはベルを鳴らさねばならず、かなり勇気がいる。が、店の前でわたわたしている私を見て取り、店主が「なにか探しもの？」とロックを開けてくれた。

「店には探している本がある人しか入れていないの。私はもう歳だし、（コロナで？）死にたくないしね」

ブラックユーモア含め、歳を感じさせないキビキビした口調でそう言うと、チラシをくれた。全ての国と旅行に関する二万冊以上の新古書が揃っているとのこと。

隠れ家のような店内は大小様々な本で埋め尽くされ、相当古そうな本も多い。確かに「ふらふら見て歩く」という雰囲気ではなかった。失礼を詫び「日本でパリの本屋について書いている」と話すと、興味を持ってくれたのか「日本語で書かれた本がある」と数冊見せてくれた。これだけの蔵書のなかから、すぐに出してきたことに驚いてしまう。この店で本を探すのは、店主の力が必要不可欠であることは間違いなさそうだ。

当初はすぐにお暇することになるだろうと思ったが、店主一人で旅行専門書店を始めたこと、地図のスペシャリストであるパートナーも尽力してくれたこと……など、意外とおしゃべりが続いた。これはひとえにOさんのおかげだ。かつてこの書店のすぐ向かいに住んでいたというOさんが、「パリの本屋なら、絶対に『ULYSSE』は外せないと思って」と熱く語ってくれたのだ。今はなき近所のパン屋やチーズ屋、近隣住人の名前なども織り交ぜて話すOさんに、店主が心を開いていくのがはっきりとわかった。

「あなたピアニストなのね。コンサートは？　チラシがあれば貼ってあげるわよ」

有事の際には特に顕著となる、フランス特有の「連帯（ソリダリテ）」の精神をここでも感じながら、あたたかな気持ちで「小さき古城」とでも呼びたい本屋を後にした。後日ネットで見つけた記事によると「誇り高き王女」＝店主は、今年で八十三歳になるようだ。

特別な出会いを、人はよく「運命」と形容したがる。だがいつのまにか親しくなっていて、出会う前からそうなるとわかっていたような出会いは、「必然」のほうがしっくりくる。Oさんと機内で隣り合ってから約一ヶ月半。妙な言い回しになるが「必然」を後押ししてくれたのは、なんといっても本屋さんだ。本と出会うだけでなく、人とも出会える。それがリアルに存在する本屋という場の力だと、二軒の本屋を巡って改めて感じた。私が近いうちにTRAMを再訪するのも、かなり「必然」といえるだろう。パリに、世界に、星の数ほど存在する素敵な本屋さんに感謝しながら。

都市とペシミスト　2023.4

運動不足を如実に感じている。体力が落ち筋肉も細り、身体はだるく肩が凝って仕方ない。忙しぶっていないで、今年こそ定期的に身体を動かそう……「今年の抱負」の類は積極的に作りたくはないが、危機感に煽られて自ら目標を課すことにした。

近所のランニングが一番簡単ではあるが、情けないことに膝が痛む。そこで考えたのが合気道。『H.A.Bノ冊子』連載陣の青木真兵さん・海青子さんが合気道をされていると知り(読み)、高校時代にクラブ活動で朝練・昼練・放課後練と明け暮れていた日々が蘇った。汗臭くもキラキラした時間を懐かしんで調べてみると、私の住む街にも「合気道クラブ」があったのだ。

フランスが柔道大国であるのは有名で、東京オリンピックの柔道の新種目「混合団体」戦でフランスが日本を破り、初代金メダルを手にしたのも記憶に新しい。お稽古事としてもメジャーで、街を歩いていても柔道着のままクロワッサンをかじる子供の姿などをよく見かける。だが意外にも、合気道も人気があるのだ。いずれにせよ礼儀を重んじる「武道」は単なるスポーツを超え、規律正しさを学び精神鍛錬にもなると考えられているらしい。

そんなわけで年末年始の帰国の折、日本から重くかさばる道着や袴を一式抱えて戻ってきた。しかし問題はクラブの時間帯だ。火曜か金曜の夜、または日曜の午前中。夜は気乗りせず、かといって日曜の午前は夫がバスケットボールクラブに通っている。赤ん坊に留守番を頼むことはできない。

「僕は月曜にパリのクラブに行こうか」

悩んでいると、夫がそう申し出てくれた。今のクラブの参加者は老若男女、二世代参加も珍しくない良くも悪くも和気藹々とした雰囲気で、少し物足りなくなることもあるらしい。夫が以前通っていたパリのクラブを一度見学したが、成人男性のみで格闘技のように激しく、走りっぱなしなことに「よくやるな」と半ば呆れたものだ。

意気投合していた仲間に会えないことも寂しいようで（その仲間たちも少なからずパリを離れた）、今でも時々「元気にしてるかな」と話題に上っていた。

「そういえば本屋さんで働いている人がいたよね」

パリに移住してきたばかりの頃、アパートからそう遠くないパリの中華街・ベルヴィルに向かっていると、本屋の前で「バスケ仲間がここにいる」というような話をされた。入ってみたものの、彼は不在で棚を眺めるだけに終わった——そんな昔の朧げな記憶を引っ張り出すと、夫は頷きつつ言った。

「働いているというか、彼の本屋だけどね」

なぬ⁉　そんな重大情報、ちゃんと聞いていれば絶対に忘れない。歩きながらの会話で集中しておらず、思い込みで了解してしまったのだろう。この数年で少しはフランス語がまともになったと信じたいが、夫とは推測交りに話している部分もあり、未だにお互いに理解の食い違いが起きることがある。とはいえ大抵はすぐに誤解が解けるので、話を聞いてから約四年半後に「夫の知人は本屋さん」という真実にたどり着いて驚愕した。

クラブの問題はさておき、是非あの本屋さんを再訪しよう！　パリの本屋さん事情も聞ければと夫に連絡をとってもらうと「いつでもどうぞ」と返信が。数年ぶりにかつての地元も歩こうと、意気揚々とパリは北東の十九区に出かけることになった。

懐かしのメトロ十一番線に乗り、ベルヴィル駅から大通りの坂道を上る。約二年ぶりに歩いてみると、店の移り変わりが激しいことに驚いた。お気に入りだった老舗のアジアンレストランも今時のダイニングバーになっている。ランチの予定が狂いがっかりしながら更に坂を上ると、右手に青い店が見えてきた。こぢんまりした店が続くなか、鮮やかな外観が目を引く。実は隣駅の「ピレネー」から下るほうが近くて楽なのだが「Le Genre Urbain（ル・ジョンル・ユルバン）」は、やはり「ベルヴィル唯一の本屋」という印象が強い。

店名を直訳すると「都市の種類」。この書店の専門分野だ。とはいえ専門一辺倒ではなく、街の本屋としてしっかり機能するバランスの良い選書に、プラスで「パリ／ベルヴィル」と「都市計画／建築」という専門棚がある、という構図。

子供向けの本も充実しており、我が家のちびっこ用に一冊を選んでいると、店主のグザヴィエが奥からのっそりと登場した。だいぶ前にバスケットクラブは辞めたと聞いていたが、当時のメンバーの最年長でおそらく五十代半ば。優に百九十センチはあり肩幅も広く、バスケットの試合なら「ディフェンスをされたら打つ手なしだな」と想像でき、本屋の店主と聞けば「優しき知の巨人」という雰囲気が漂っている。

挨拶がてら、仕事の合間に軽く立ち話でもさせてもらえれば……そんな軽い気持ちだったのだが、グザヴィエは開口一番「それで質問は？」と私をまっすぐに見据えた。

「街に本屋さんがある必要性ってなんだと思いますか」

少したじろぎつつ問いかけると、彼は考え込むようにして腕時計を確認した。「カフェが必要だな。五分ある」そう言って、我々を店の外へと促した。

一直線に本屋の向かいのカフェに入り、グザヴィエは小上がりにあるテーブルをくっつけて座った。勝手知りたる振る舞いは常連のそれで、都市論から始まり人々のライフスタイルの変化、環境問題etc.……乾いた口調でブラックユーモアを交え、縦横無尽に語り出した。

そもそもなぜ「都市を専門に扱う本屋」を開いたのか。改めて質問すると、かつて「都市社会学」を十年ほど大学で教えていたとのこと。そして「対話が生まれる場を作りたい」と考え、当初はアソシエーションを立ち上げようとしたらしい。しかし既に多くの非営利団体が存在し、その運営のためには国から補助金を得る必要がある。補助金を当てにして活動することを嫌ったグザヴィエは「なんとか稼いで暮らしていけそう」と本屋を始めることにした。パリの物件は高いが、家から徒歩で通えるベルヴィルなら手も届く。初代店舗を坂の下方の裏道に構え、「Le Genre Urbain」の挑戦が始まった。当時のベルヴィルには中華系以外の店は皆無で、白人男性の営む本屋はかなり異質だったらしい。

「人生で数多くの失敗をしてきてるけど、まぁこれは大きな失敗だね」

得意の皮肉で笑うグザヴィエだが、そこで十年ほど商売し、二〇〇二年からは今のメイン通りに拡張移転して書店を続けている。店に貼られたイベントスケジュールを眺めて「ずいぶん力を入れているんだな」と驚いたが「対話の場を作る」という信念から生まれた本屋と聞いて深く納得した。この書店の一番の目玉といっていいだろう。

例えば『Ispahan（イスファハン）』という本を巡る「〈都市を作る〉そして〈都市を生きる〉：イスファハンに戻る」と題したディスカッション。恥ずかしながら「イスファハン」がわからず調べてみると、イランのテヘラン以前の首都で、十六世紀には「世界の半分」と呼ばれるほど繁栄していたらしい。本の紹介でも、この街を「都市計画、建築、装飾が一体となった総合芸術」であり、「商業の十字路」にある「オアシス」と表現している。現在もその美しさで観光客を惹きつけてやまない古都だというが、イベントではこの街の歴史を紐解きながら現在の「都市」について語り合う場になるのではと想像が膨らむ。

他にもベルヴィルに暮らすセックスワーカーたちの日常を追ったルポルタージュ、コロンビア内戦をテーマに扱ったバンドデシネ（BD）など、気になる作品のトークイベントやサイン会が三月だけで九つも企画されている。

「来月は少し減らすよ。準備が大変だし疲れるし……でも相談されると断れなくてさ」

大きな身体を丸めて小さなエスプレッソをすすり、唾を飛ばしながら早口で語るグザヴィエは「議論好きのフランス人」というステレオタイプそのままで微笑ましいほどだ。

「質問の答えでもあるけれど、キーワードは〈Espace Public（公共空間）〉だね」

本屋でなくてもいい。カフェでサッカーの試合を見ながら皆で盛り上がるのもいいだろう。誰もが自由に行き来しコミュニケーションが生まれる「開かれた場」の大切さをグザヴィエは説く。それは簡単なようで難しい。例えば……と「スケートボード」を例に話し始めた。

公園の一角にスケートボード場ができると、街のスケートボーダーはそこに集まり、逆にスケートボーダー以外はその場にアクセスできなくなる。皆が暮らしやすいよう、良かれと規則が作られ「公共空間」は徐々に小さくセグメントされていく。その必然と矛盾を噛み締めるように続けた。

「都市、それ自体が本来は公共空間のはずなんだ。それでも自然と住み分けは進む。うちの本屋は誰にでもオープンだが、お客さんの多くは白人ミドルクラス。学校の授業で必要な本を買いに中華街の子も来るけど――フランス語の翻訳が必要な親を連れてね。ただ本は買わなくても、マンガを立ち読みしに来たりする子もいる。それも嬉しいよ、だってその子の日常のなかに『本屋がある』ってことだから」

怒涛の勢いで持論を展開するグザヴィエに「他に質問は？」と聞かれたとき、既に二十分は経っていた。時間は大丈夫か確認すると「あと五分だな」とニヤリ。ぱっと見は強面だが、なんともチャーミングでおもしろい。そして熱い。紆余曲折あったようだが、パリで三十年も個人書店を営んでいけているのは、やはり店主の魅力と器が大きいのだろう。

「パリや本屋さんは、この数十年でどう変わりましたか？」

この質問に、グザヴィエは何度も「Capitalisme（資本主義）」という言葉を交えて真摯に答えてくれた。常に移り変わるパリの街で、物価は上昇し続け、経済格差も広がるばかり。パリは山手線内側の面積よりやや大きい程度の意外と小さな街だが、洒脱なアパルトマンや高級ブティックといった「キラキラパリ」とは真逆の、危険で貧しい「ダークパリ」も存在する。散歩をしていて場の空気や集う人種が突然変わり、ドキリとした経験は一度ではない。

グザヴィエは口をへの字にし、ベルヴィルの特に坂下あたりは社会的最下層が多く、街並みがずいぶん様変わりしたのは家賃を払いきれず追い出される店が増えているからだとも語った。

「俺も本屋を手放すだろう。それがどういう形か、いつかはわからないけど、とても厳しいことは確かだ。本の売り上げ同様、本屋も減っている。パリでは毎年新たな本屋が開店してるけど、それ以上に閉店してるんだ。大型チェーン書店ですらね」

フランスで売れる本の四冊に一冊はAmazonの注文だという。残りのパイをかけ、個人書店はチェーン店と張り合わねばならないのだから、確かに厳しい（とはいえ「イタリアは三冊に一冊がAmazonだから、まだマシな方さ」とも。奥様がイタリア人だそう）。

どんどん話が暗くなるが、グザヴィエは終始のんしゃらんとしていた。

「でもまぁ、いいじゃないか！　こういうもんさ。俺はもう年寄りで考え方も古いけど、若い人は新しいやり方でやっていくだろうし。ラジオの発明が演劇を、Netflixが映画館を消滅させはしなかった。自然淘汰されていっても、本屋が世界からなくなることはありえない」

そう言い切ると立ち上がり「俺はPessimiste enthousiaste（情熱的なペシミスト）でね」と口の端を持ち上げた。そして「カフェごちそうさま」と、するりと店を出て行ってしまった。

会計を終えて本屋に戻ってみると、もうグザヴィエの姿はなかった。「批判はしないけど」と肩をすくめていた自己啓発本が、しっかり一棚占めているのを発見して夫と含み笑いを交わす。

「流行を馬鹿にするつもりはない。求められる本、売れる本を置くのは大切だ。でも俺にとって『本』とは中身があるもの。心の奥底に深く残るものなんだ」

目まぐるしいスピードで移ろう世にあって、本は日々に溺れないための船であり、押し流されないための碇でもあるのかもしれない——そんなことを考えながら本屋を後にし、空腹をどこで満たすかと新しいレストランが並ぶ道を歩き出した。

さて、本屋探訪に熱を上げすぎ忘れていた「クラブ問題」。結論はしばらく保留となった。子供のいる時間に家を空けるのがどうしても気にかかり、合気道クラブのあるジムまで遠いのもネックだったのだ。

改めて「近場で気楽にできそうな運動」を検討し、徒歩十五分の市営プールを試してみた。平日昼も開いているので、仕事の合間、好きな時間に行けるのがありがたい。幼い子たちが遊ぶ浅いプールを横目に二十五メートルプールに入ると、片側は一・八メートル、もう片方は三・七メートルもの水深があり、溺れやしないかと恐怖を感じた。が、数年ぶりに水に身体を放つと気持ちがよかった。クロールを始めてすぐに肩の付け根の筋肉が悲鳴をあげたものの、千メートルほど泳ぐと心地よい疲労感に包まれ「ここに通おう」と決めたのだった。

市民割の十回券を何ヶ月で使い切れるだろうか……とりあえず十年前の水着を買い替えなくては。

小説

Yousra

オルリー空港は意外に混雑していた。空路は苦手なのでできるだけ避けたいが、パリから南仏は遠い。会社はトゥールーズへの出張に当たり前のように航空チケットを押さえた。一泊できるものの、明日は更に列車で一時間ほどのアルビでのアポも控えている。初めての街を観光するゆとりがあるといいが。

あまり浮かない気分でチェックインを済ませ、搭乗口から離れた空きベンチに腰を下ろした。読みかけの本を広げ、とはいえ初めての任務に気もそぞろでいると母から着信があった。

「ククー、元気なのマルタン？」

おっとりした声は電話越しだと更に間延びして聞こえる。いつも栞を忘れてしまう自分に軽く失望しながら本を閉じた。

「元気だよ、これから出張なんだ。飛行機が落ちないように祈ってて」

母は月に二、三度電話をかけてきて、お互いに良くも悪くも変わらない日常報告を交わす。この日もまた話したそばから忘れそうな気楽さでやりとりしていると、搭乗アナウンスがあった。

周囲が一斉に立ち上がり、僕もそれに倣う。すぐに離陸するわけでもないのに、我先にと争うように列を作り始めた。パリに暮らして十年近く経ち、いつのまにか自分もそんな一人となっている。

「アルビにも行くの？　デデのいる村の近くじゃない」

母に何気なく返されたとき、僕は手元にチケットを用意せねばと焦っていて、その名を呼び起こすのに少し時間がかかった。

「デデって、あの……母さんの従兄のディディエ？」

「そう、ユスラを亡くして引っ越した、あのディディエよ」

息を飲んだ。

なぜ僕は彼を、あの幸せに満ちた恋人たちを忘れていたのだろう?

不自然なほど記憶の奥底にしまいこんでいた。にもかかわらずその名を口にした途端、怒涛の勢いで二人の思い出が押し寄せてきた。それが眩しいくらい鮮やかなことに慄《おのの》く。頭のなかにペンキをぶちまけられたみたいにくらくらして、飛行機の憂鬱も仕事の心配もすっかり上塗りされていた。


「ユ、ス、ラ?」

幼かった僕は何度も彼女の名を聞き返したらしい。その度に彼女は歌うように優しく繰り返してくれたという。

ちょうど三十歳になった今でも、僕の知る「ユスラ」は未だにあの「ユスラ」ただ一人だ。

ユスラが特別なのは名前だけじゃなかった。豊かにうねる長い黒髪。くっきりとした太い眉。力強い瞳。褐色の肌……僕が生まれ育ったフランスの片田舎にユスラのようなエキゾチックな存在は皆無で、ドキドキする神秘的な存在だった。誰も堂々と口にはしないものの、皆そう感じていたんじゃないだろうか。

ユスラがモロッコ人と知ったのは、いつだっただろう。ミックスのカップルはまだ珍しかったと思う。もちろん当時の僕は、人種や国の話なんて興味はなかった。ユスラは親族の大きな集まりがあると会える、ディディエ叔父さん（正確にはいとこ叔父だけど）の謎めいた美しいパートナー。ただそれだけだった。

ユスラと最後に会ったのは、確か僕が六歳のとき。祖母の誕生日パーティーだ。ディディエとユスラは祖母だけでなく、僕にまでプレゼントをくれた。「小学校入学おめでとう」って。今まで持っていたどんな絵本より文字が多くて、イラストも大人っぽい童話だった。まだ難しい会話ができる年齢ではなかったけれど、二人は僕を誰より大人扱いしてくれた。馬鹿みたいに甘ったるい声で、偉そうに頭を撫でてくる大人とは違った。

二人はいつも笑っていた。朗らかに、幸せそうに。黙ったまま視線を交わしていても、そこに微笑があった。幼いながら、愛というものをわかった気がした。

一緒に過ごした時間はそう多くもないのに、僕は二人が大好きだった。ディディエとユスラが笑っているのを見ると、なぜだか胸いっぱいに嬉しかった。

僕自身も気づかぬ間に、二人は僕の深い部分に「理想の恋人たち」の像を刻み込んでしまった。

一杯やってもよかったが、レストランで夕食をとるのも億劫で、ケバブとペプシをテイクアウトしてトゥールーズのホテルに戻った。ジャンクなサムライソースをときたま身体が欲するらしく、真っ暗なテレビ画面を前に無心でむさぼり食う。

――出張初日、初任務としてはまずまずうまくいったな。

高カロリーで満たされた腹を突き出してベッドに寝転ぶ。スーツケースの半分近くを占めていた自社製品のラテックス枕に頭を預けて目を瞑ると、ようやく安堵が広がった。

そう、僕は枕を売っている。ただの枕じゃない。高級枕だ。昔から眠りが浅く、朝もすっきり起きられなかった僕を救ってくれた救世主。眠りの質を担保してくれるこの枕を、僕は心から敬愛している。

今回はトゥールーズの老舗デパートで取り扱いが決まり、その挨拶と新たな販売員の育成を兼ねてパリ本社より派遣されたというわけ。挨拶巡りはともかく育成講師役を一任されたのは初めてで、うまくやれるか不安だった。が、結果としてはユーモアも交えて実のある研修ができたように思う。販売員たちが皆快活で、僕を暖かく受け入れてくれたことも大きい。

寝返りを打ってもしっかりと頸椎を支えてくれる枕に満足しながら、僕は明日のことを考え始めた。

朝に列車でアルビに向かい、午前午後で計三件ホテルにアポを取っている。アポなしでも売り込めそうな店があればパンフレットと名刺だけでも置いていきたい。僕のように眠りへの関心が高い者にはクチコミである程度認知度が高まってきている。今後の課題はいかに観光地に食い込み、大型発注を狙うかだった。

そわそわと落ち着かず、再び寝返りを打つ。仕事に関して下調べは十分してきた。気になるのは別件だ。

スマホを取り出し、母からのメールを読み返す。

〈デデに「マルタンが訪ねる」って連絡しておく?〉

母が従兄の連絡先を知っているのは考えてみれば普通のことなのに、どうして今まで黙っていたのかと理不尽な気がした。

送られてきたアドレスを検索してみると、ディディエが住む村はアルビから近いと言っても車で四十分ほど。

——商談が早く終わったら、タクシーを飛ばせば行けなくもないか……

僕は悩んだ。ディディエに会いたい。でも、会えば必ず当時の辛い出来事も思い出させてしまうだろう。人を避けるように辺鄙な地に引っ越し、以来一度も親族の集まりに顔を見せていない。そして親族も、母ですらタブーのように彼やユスラについて語ることはなかった。

そんなディディエをわざわざ訪ねていっていいのか。

「ユスラが、交通事故で……」

あの予期せぬ不幸を、子供にどう伝えるべきか母はきっと悩んだはずだ。言葉尻が震えていたことをぼんやりと思い出す。

「デデのバイクの後ろに乗っていて、車に衝突されたらしいの」

古いダイヤル式の電話を握りしめ、もう片方の手でまなじりを拭っていた。

「デデは一命を取り留めたけど、ユスラは投げ出されて……」

でもそれが正確にいつのことだったのか、その後どんなやりとりがあったのか、全く思い出せない。

吸い込まれそうに大きな瞳を見開き、ひんやりした道路に仰向けに横たわるユスラ。陶器のようなすべやかな額がぱっくりと割れ、赤い色が流れ出て黒髪を濡らし——

身震いが起きた。あのときは死というものがうまく捉えられなくて、ただもうユスラに会えないという事実が悲しかった。歳を重ねた今、残酷に想像できてしまうことが恐ろしい。

〈いや、連絡はしないで。時間が取れるかわからないから〉

結局そう返信したものの、今から逃げ腰の自分に苦いものを感じずにはいられなかった。


「ねぇユスラ！　マルタンが『ユスラは不思議なとっても良い匂いがする』って！」

親族の子供たちのなかで最年長、かつボス的存在だった従姉が大声を張り上げたとき、僕は本気で彼女を殺してやろうかと思った。実際には耳まで真っ赤になって俯いてしまったけれど。

大人から子供まで、さざ波のように笑いが広がった。「ユスラって本当にきれいよね」

とうっとりして呟いた従姉に、つい率直な気付きを漏らしてしまった自分を呪った。泣きたくなりながら上目遣いにユスラを窺うと、形の良いぷっくりした唇を優しく弓なりにしていた。

あのとき、僕になにか言ってくれたはずだ。なんで覚えていないんだろう?

それ以上に僕は、もうユスラの声が思い出せない。

字幕のつかない古い無声映画を眺めるように、あのとき僕に向けられた愛しみを歯痒く懐かしむことしかできない。

今思えば、僕の初恋の人はユスラだったのかもしれない。ごくたまにユスラに会えたときの心のざわめきを思い返すと、そんな気がしてくる。

Bonjour(こんにちは)とAu revoir(さようなら)で頬にビズの挨拶をすると、どっしりと光沢のある黒髪からなのか、熱そうな肌からなのか、嗅いだことのないスパイシーで甘い香りがした。頭がぽおっとする類の。

なにかうまくやって、もう一度ユスラの匂いを嗅げないだろうか。なんならハグしてもらえないだろうか……でも照れ臭くて大人たちには寄り付かず、無関心のふりをして子供同士で遊んでいた。

ユスラをまっすぐ見つめるのは恥ずかしくて、いつでも隣にいられるディディエが羨ましかった。

ディディエはいわゆるBeau gosse（イケメン）じゃなかった。四角い顔に広い額と大きな鼻。でも人の良さが滲み出ていて、緑色の瞳は穏やかそのもの。大きな身体でどっしり構えているのは熊を彷彿とさせ、口数もそう多くなかったと思う。

ディディエとユスラは視線だけで会話ができていたし、手を取り合うだけで愛を伝えられていた。賑やかな親族の輪のなかに、いつも楽しそうな若いカップルも溶けこんではいたけれど、僕の目にはどこか浮世離れした二人だけの世界に包まれて見えた。

だからユスラの訃報からしばらく経って「デデは南仏の山村に引っ越した」と聞いたとき、妙に納得した。

人里離れた静かな山奥、または森の中。ログハウスに住み、近くには小川のせせらぎ。毎朝パンを鳥に分けてやり、ウサギや狐が遊びに来るだけの、ひっそりと平穏な暮らし……

子供の想像力の限界か、そんなメルヘンチックなイメージを浮かべ、そのときからディディエ像は更新されていなかった。

二人でひとつだった「ディディエとユスラ」が「ディディエ」だけになってしまったら、きっと一生独りきりで生きていくのだろう——そう決め付けて、なんの疑いも持たなかった。ユスラの喪失はそれだけ深く、ユスラ亡き後もユスラだけを想っていてほしいと、身勝手にも考えていたのかもしれない。

「赤い街」として知られるアルビに赴くのは初めてだったが、川に面して並ぶ赤煉瓦造りの建物は、なるほど絵画的美しさだった。世界遺産にも認定されている旧市街の中世の街並みを横目に、僕は迅速に仕事をこなした。アポの合間に駆け足でロートレック美術館まで回ってしまったほどだ（もちろんこれは趣味）。

一勝一敗の二件の商談の後、最後の三件目は引き分けというところだった。担当は親切で、僕が初めてアルビを訪れたと知ると「行きたい場所があれば車を出しましょうか」と申し出てくれた。

僕は真っ先に腕時計を確認した。喉から出かかった言葉を飲み込み、慇懃に辞退する。さすがに市外まで送らせるのでは悪い。

荒っぽいタクシーに揺られながら、この期に及んでディディエを訪ねていいものか自信がなかった。ただ、会えるギリギリの時間が残されたのに、それを無駄にしたら絶対に後悔する。

タクシーはすぐに街を抜け、見渡す限り平坦な野が続く道を突き進んだ。緑の地と青い空。その二色を切り裂くように、ぐんぐんスピードを上げる。時折ぽつりと一軒家が建っていたりすると、どんな場所にも人が生活しているんだなと畏怖に近いものを感じた。隣人は数キロ先、買い物は数十キロ先、という生活が僕には想像できない。

やがて山登りが始まったが、いくつかの町や村を通り越す度に似たような景色が続いた。

「ここですかね」

ぶっきらぼうな運転手に降ろされた先は、「静かな山奥」とは似ても似つかない寂しい村だった。歴史を感じる質素な教会の並びにパン屋があり、その隣にディディエの営む本屋があった。

母に「本屋をやってるらしいよ」と聞いたときは驚いたが、なるほどなとも思った。もともと何の仕事をしていたかは知らないが、知の穴蔵にずしんと留まるディディエはとても納まりが良さそうだ。

「Librairie Tislit（ティスリ書店）……」

品の良い濃紺の外装に洒落た斜体の金文字で店名が書かれていた。素朴な店が数軒あるだけの「Centre-ville（中心街）」のなかで際立って洗練されている。

深呼吸をすると、僕は意を決して書店に歩み寄った。扉に手をかけようとしたそのとき、走り書きの張り紙に気付いた。

〈急用！　すぐに戻ります〉

脱力した。まさか、ここまできて……

昼休憩を取って閉める商店は多いが、地方に行けば行くほど店の開店時間は当てにならなくなる。個人経営となればなおさらだ。

帰りのフライトの時間から逆算して、どれだけ粘っても三十分後にはここを出発しないと危うい。腕時計を睨んだところで始まらないとはわかっていても、すいすい秒針が回るのが恨めしかった。

——でも、これで良かったのかもしれないな……

ここまで来て会えなかったのなら、それは仕方ない。なんというか、申し訳が立つ。ディディエは僕が会いに来れば、きっと喜んでくれる。「大きくなったなぁ」とか「見違えたなぁ」なんてお決まりの台詞を感慨深く発して、心からハグしてくれるだろう。

僕が怖いのは、ユスラなのだ。今もきっとディディエの心の一部に住んでいるに違いない最愛の女性。彼女をどう語っていいのか、語らないほうがいいのか。

もし自分の愛する人が自分の過失——ではないにしろ、共にいた場で亡くなったとしたら？

僕だったら自分を責め抜いてしまうと思う。なぜ救えなかったのか。なぜ自分だけ生き残ってしまったのか……一生付いてまわる問いに心が壊れてしまうかもしれない。きっと人並みの暮らしや、ささやかな幸せを手にすることとさえ躊躇するだろう。日の当たる人生を歩めない、歩みたくない。そんな心の動き。

だからディディエが隠居さながら田舎に引っ込み、音信不通になったのも理解できてしまった。ひどく痛々しいけれど。

――ユスラが亡くなって、もう二十四、五年。てことは、ディディエがこの村で暮らしている年月も……

はたと気になり、指折り計算してみてギョッとした。最後にディディエに会ったとき、彼はちょうど今の僕くらいの年齢だったことになる。

思わず天を仰いだ。あの頃のディディエと今の僕を比べて愕然とせずにはいられない。幼い僕の目に、ディディエは自信に溢れた大人の男性だった。「叔父さん」は「おじさん」だった。でも三十歳の僕は悲しいことに、全くもって胸を張れるような大人じゃない。余裕もない、彼女もいない、せせこましい日々に右往左往しているだけの半端者。

――幸か不幸か、大恋愛も大失恋も経験しちゃいない。

頭の片隅に、ゆらりとユスラの横顔が浮かぶ。こっちを見てほしいけれど、まともに視線がぶつかったら恥ずかしい。でもほんのちょっとだけ、ごくごく一瞬、笑いかけてくれたら……

思い出とも妄想ともいえないイメージを振り払おうと、もたれかかるように書店のガラス扉に額をすりつけた。灯りの消えている薄暗い店内を覗き込む。

建物の間口から想像した通りの狭い店内は、しかし天井までぎっしりと本が並んでいる。いや、「詰まっている」という表現のほうがふさわしい。なんなら本屋というより書庫だ。ここまで大規模ではないけれど、僕の部屋の一角もこんなかんじだ。

――そういえば二人からもらった本、どこにやったんだろう。

読み出したその日の夜から、幻想的で刺激的な冒険譚に夢中になった。恐ろしくてハラハラしながらも、主人公の少年に自分を重ね、前に前につんのめるようにページを繰って異世界を旅した。

何度も何度も読み返していたが、ある日もっと夢中になる本に出会った。そしていつか、再び手に取ることはなくなった。

僕はこうして多くの本に出会ってはのめり込み、最後は本棚か机の引出しかトイレのラックに突っ込んだまま、適当に片付けているうちに見当たらなくなる。

たぶん真の本好きではないのだろう。じゃあ真の本好きとはと聞かれたら困るけれど、大切なはずの本の行方がわからないという事実が、じんわりと僕を苦しめる。

――もらった本を読まなくなって、ディディエとユスラとの繫がりも切れてしまったんだろうか。

真にあの本が、二人が、好きだったのに……

「ごめんなさい、お待たせしてしまいました？」

扉にへばりついていた僕の背に、ハァハァと荒い息の混じった声がかけられた。弾かれたように振り返る。そこに立っていたのは、すっかり本物の「おじさん」になったディディエ――ではなく、僕と同年代くらいの女性だった。ジーンズにだぼっとしたグレーのセーター。ショートカットとそばかすが似合うボーイッシュな人だ。

あハ……肺の空気が抜けたような、まぬけな笑い声を漏らしてしまった。個人書店で店員を雇っているとは、ディディエが店にいないとは、考えもしなかった。

女性は立ち尽くす僕の脇から小さな身体を滑り込ませ、素早く扉の鍵を開けると感じの良い笑みを浮かべた。

「さぁどうぞ。よければお荷物はこちらに」

働き者のすばしこいリスみたいだ。促されるまま、僕は商材の入った小さなスーツケースと大きなリュックを、レジ横に置かせてもらう。

「なにかお探しものが？」

「あぁ、この近くで仕事があったもので……」

答えが噛み合っていなかったが、女性はおかしそうにメガネの奥の目を丸くした。

「こんな場所まで珍しいですね。なんのお仕事で？　あ、ちょっと待って。当ててみても？」

予期せぬ展開に呆然としていた僕は、ようやく頬を緩めて頷いた。

「健康食品の販売？」

「少し近いかも」

「レストラン関連ね？」

「遠のきました」

「わかった、医療関係でしょう？」

「惜しい」

こめかみあたりに指を添えて首を傾げた女性に、僕は枕の素材見本である小さなクッションを取り出してみせた。こうなったらひとつでも売って帰ろうと、押し付けがましくない程度に紹介する。

「我が社の三層構造は特許も持っているんですよ。僕自身が愛用していて、今回の出張でももちろん一緒です」

女性は意外にも真剣に聞いてくれ、見本クッションを両手で挟んだり頭を乗せてみたりと検討する素振りだった。

「とても良さそうですね。実はこの書店の店主が眠れないとよくぼやいていて――」

「店主が？」

思わず遮って聞き返してしまった。

「えぇ、今日は歯医者の予約で大きな町まで出かけているんですけど、本来ならいつも彼がここにいるの」

どうやら女性は留守番を頼まれただけらしい。そしてそんな時に限って運悪くアパートで水漏れがあり、書店を閉めて確認しに戻らざるを得なかったと眉尻を下げた。

「タイミングが悪くて本当にごめんなさい」

僕はかぶりを振ったが、じわじわと無念さが胸に迫った。

「枕のパンフレットがあれば、店主に渡しても？」

もちろんです……いつもの流れで名刺とセットで渡そうとして、すんでのところで思い至った。

「僕の名刺は切らしてしまったんですが、ご注文はサイトからでも承っておりますから」

留守のうちにやってきた枕売りの名刺に親族の名があったら、ディディエはどんな衝撃を受けるだろう。云十年ぶりの邂逅が押し売りとは……だが心優しい彼なら「わざわざここまで来たのか。買ってやらなくては」と考える気がする。僕は自社製品に絶対の自信を持ってはいるが、単なる枕じゃない。高級枕だ。本人が納得したうえで喜びを持って購入して頂かなくては、眠れたところで良い夢を見られやしないだろう。

仕事の話なんてしなければよかった。名乗り出ることはもはや僕の良心が許しそうにない。

「店内を見せてもらっても？　帰りに読める軽い本が欲しくて」

潔く話題を転じた。せっかくだから一冊買ってお暇しよう。タクシーアプリを確認すると、呼べるのは最短十五分後だ。すぐ予約しておかないと。

「もちろんご自由に。どんなジャンルがどのあたりに並んでいるかくらいなら私にもわかるので、必要があれば声をかけてくださいね」

女性は控えめな物言いをしたが、実際この書店のどこに何の本があるか全て頭に入っているのは店主だけなのだろう。それくらいカオティックな印象を受ける。頭から落ちてきそうな、横から倒れてきそうな、圧迫感のある本の山……僕は嫌いではない。

本棚の端からタイトルを拾っていくと、ラベリングはないもののちゃんと分類してあった。哲学、宗教、自然科学、歴史、地理といった学術系から始まり、絵画、映画、音楽と美術関連に流れる。古本も交えたかなり個性的な選書だ。料理や園芸といった実用書も意外と手厚い。翻って、小説やエッセイ、詩集といった文芸書は小さな島陳列で並んでいるのみ。パリの書店で平積みされているような話題作も少なく、この書店だけで生計を立てているわけではなさそうだ。かといって片手間でないことくらい、この空間に立てば誰だってわかる。

梯子がないと確認できない本棚の上段を除き、店の三分の二ほど回ったところで即決した。旅行関連の棚で目に飛び込んできた一冊。モロッコを旅した筆者による、絵日記形式のあたたかい手触りのある素敵な本だった。

「これを――」

レジに振り向いたとき、威勢よく店の扉が開かれた。

「やぁお待たせ。いらっしゃい」

澄んだ緑色の瞳が僕をしっかりと捉えた。白髪まじりになって、無精髭が生えて、少し痩せたけれど、ディディエがほとんど変わっていないことに、僕は声を失った。

「お目が高い。作者の視線がユーモラスでとても良い本だよ」

ディディエは僕が手にした本をチラと見るなり、内緒話を打ち明けるみたいに親密な笑みを浮かべた。そうそう、こんな低く柔らかな声をしていたっけ。

「この村には初めて？」

僕が「あぁ」とか「えぇ」とかまごついていると、女性が「枕売りの方」と手短に紹介してくれた。

「不眠症に効く枕なんだって。あなたにいいんじゃない？」

だいぶ説明が省かれ、かつ盛られてはいたが、ディディエはどれどれと興味深そうにパンフレットに目を落とした。僕の体験談を交えて熱心に勧めたら買ってくれるかもしれない。

でも、今は枕より話すべきことがある。

諦めた再会が唐突に実現し、これは現実なのか信じ難くふわふわした心持ちだったが、目の前で動き話すディディエを眺めているうちに、ようやく実感が湧いてきた。

「実は僕――」

思い切って口を開き、つぐむ。

早く帰れたのね。意外と待たされなかったんだ……二人はなんともない会話をしていた。大きなディディエと小さな女性は頭三つ分くらいの高低差があったが、さりげなく身を寄せ合い、笑みを漏らし、ごく自然に優しいまなざしを送りあっていた。

――あぁ、そうか。

すうっと身体が軽くなる。目が覚めた。

ユスラに拘っていたのは、僕なんだ。それも間違ったユスラの亡霊に囚われていた。だってあのユスラなら、愛する人には笑っていてほしいに決まってる。幸せに生きてほしい。自分の分も。

ディディエがここで穏やかな暮らしを手に入れるまで、一体どれだけの時間がかかっただろう……親子くらい歳の離れた熊とリスが仲睦まじく笑い合っているさまは、結局のところ幼い日に僕が描いていたイメージと似ていた。「静かな山奥」が「静かな本屋」だっただけの違い。

僕もまた穏やかな気持ちで満たされる。同時に熱いものもこみ上げていた。話すべきことは、もうなかった。

「これをください」

通りすがりの客として本を差し出し、レジ横にショップカードが置かれていることに気づいた。店の外観と同じく濃紺のカードに金色で「Librairie Tislit」と書かれ、住所や番号が連ねられたごくシンプルなものだ。右下の角だけ黄金のカフェに浸したように丸く光っているのが唯一のデザインか。

僕の視線を敏感に察知して、ディディエが「よければ」と太い指でカードをつまみあげた。それを受け取りながら、最後という気持ちで気になっていたことを尋ねてみた。

「『ティスリ』って、なにか意味があるんですか？」

「モロッコにある湖の名前だよ」

「モロッコ……？」

「この本では触れられていないけどね」

ディディエは僕のものになろうとしている本を開き、モロッコ全土の絵が描かれているページの、ほぼ中央あたりを示した。

「アトラス山脈に突如として現れる、静かで神々しくて、それは美しい湖なんだ」

「伝説の話はしないの？」

隣に佇む女性がいたずらっぽく目を光らせ、ディディエは肩をすくめると仕方なさそうに引き取った。

「『イスリとティスリ』っていう言い伝えがあるんだ。モロッコ版『ロミオとジュリエット』みたいなものなんだけど……」

「是非聞かせてください」

僕が勢い込むと、ディディエは少し困ったように、でも喜びを隠しきれずにごほんとひとつ咳払いをした。

ここではない、どこか遥か遠くに視線を飛ばして語り出す。

「昔々……」

「長年敵対する、アイット・ブラヒムとアイット・ヤザというベルベル人の部族があった。青年イスリと少女ティスリはそれぞれの部族に属していたが、偶然出会って恋に落ちる。お互いの家族に結婚を承諾してもらおうとするが、もちろん大反対されてしまう。だが二人の愛は何よりも強く、離れることはできない。二人はタマジグト語――主に中央モロッコに住むベルベル人の言葉なんだけど――で『夫婦の山』を意味するイシュラン山に逃げ出した。結ばれない運命を嘆き、二人は何日も何日も泣き続けた。それぞれの涙はやがて二つの湖となり、『イスリ湖』と『ティスリ湖』になった……というわけだ」

「じゃあ湖はもうひとつあるんですか」

「そう、ティスリ湖からイスリ湖までは十キロ弱。車で二十分ってところかな。イスリ湖のほうがふたまわりくらい大きい」

「行ったことが？」

「もうずっと前にね。旅行が好きで、若い頃はバイクでずいぶんあちこち行ったよ。バイクはもう手放したけど」

ディディエはわだかまりなく淡々と答えたが、僕は顔が強張ったのがバレやしないかとヤリとした。

「どちらの湖にも心が震えた。隠された宝石を見つけた喜びというか、砂漠でオアシスに出会った感動というか……なにより、自分が知らないだけで世界には素晴らしい場所がいくらでもあるんだって目を見開かされたんだ」

その湖の思い出をそれ以上深く聞く必要はなかった。基本的に出無精だけれど、本を通じて様々な世界を旅してきた身として、店の名に込められた重奏的なメッセージは深く響いた。

「それで二人は……イスリとティスリはどうなったんですか？」

「死んでしまった。悲しみにくれ、それぞれの湖で溺れてね」

僕があまりに暗い顔をしたのか「まぁそう悲しまないでくれ」とディディエは口角を上げた。

「イスリとティスリは毎晩湖から現れて、逢瀬を重ねているといわれているんだ。死んでも想いは消えないし、二人が引き離されることもない。タマジグト語で、〈Isli（イスリ）〉は〈花婿〉を、〈Tislit（ティスリ）〉は〈花嫁〉を意味するんだよ」

「花嫁……」

僕の想像力は昔と変わらず貧困らしい。

草冠に編み込まれた可憐な白い花が、風に吹かれてかすかに揺れる。生命力に溢れた豊かな黒髪の上で。あの不思議な甘い香りが立ち上り、ユスラが僕に振り向く。真正面から太陽のように笑いかけてくれる。

〈いいのよ〉

今ならわかる。彼女の笑顔の裏にあった強さが。国籍や肌の色や変わった名前のせいで、差別を受けもしただろう。理不尽な思いや悔しさも飲み込んできたに違いない。それでも全てを乗り越え、受け入れ、世界を肯定して笑っていた。

そうだ、いいんだ。

ディディエも僕も必死に生きてきたし、生きていく。それで十分。それだけでいい。

「書店の名前も『イスリとティスリ』にすれば良かったのに」

「いやだって、長いし座りが悪いし……」

女性に突っ込まれて恥ずかしそうなディディェに、僕は今度こそ最後の質問をした。

「『イスリとティスリ』の本はありませんか？」

「子供向けでよければ」

まだ見ていなかった店の片隅に案内された。正方形の薄い絵本。淡い色使いのパッチワーク風の挿し絵が一目で気に入った。

――このティスリの横顔、どことなくユスラに似てる……

感慨深く顔を上げた瞬間、叫んでしまった。目の前の棚に、あの本が挿さっていた。ずっと僕に見つけてもらうのを待っていたかのように、かつて二人が贈ってくれた、あの童話が。

ぽかんとしたディディェに言い訳するように、僕はそれを抜き出して突きつけた。

「この本！　昔すごく好きだったんです」

「あぁ僕も大好きだよ。甥っ子にもプレゼントしたな」

まぁ正確には甥っ子ではないけど……小声で付け加えながらディディェは目を細めた。

「この本も、お願いします」

そろそろと鼻から息を吸い、ため息をつくようにそっと言う。じゃなければ声が震えてしまいそうだ。

「タクシーが来ましたよ」

女性が明るく別れの時を告げた。

「また来ます」

新しい世界を見つけに……なんて付け加えてみたかったけれど、そこまでかっこいい台詞は僕には無理だった。できうる限りの最高の笑顔で、ディディエ叔父さんに右手を差し出す。

初めて彼の表情に変化があった。おや、という呟きが聞こえてきそうな瞬き。

「いつでも待ってるよ」

そしてやっぱり、あの懐かしい笑顔で僕の手をしっかりと握ってくれた。固く厚みのある、熱い手だった。

新商品のU字型ネックピローを装着すると、後ろに人がいないことをいいことに背もたれを思い切り倒した。空の旅は嫌いだが、一時間ちょっとでパリに戻れるなんてやっぱりありがたい。

僕は買ったばかりの三冊の本を取り出した。それぞれ味わうように、表紙をゆっくりと撫でてみる。どれから読もう……

ふと思いつき、本の袋の底からショップカードを拾い上げた。読みかけの小説も出して読みかけのページに挟むと、これほど美しい栞はないという気がした。

——さて、と……

目の前に本が並んでいるものの、結局のところどれひとつ読めそうにないほど興奮していた。疲れていた。満足していた。

窓の外に目をやると、空が見えた。雲が見えた。きれいだな、と思った。

目を閉じると、恋人たちの微笑が眼裏に浮かんだ。それはディディエでもユスラでもなく、イスリとティスリでもなく、ただただぼんやりとした輪郭の幸せそうな二人だった。

うつらうつらと夢の世界に引き込まれながら、やっぱりうちの枕は最高だなと独りごちた。

あとがき

パリを離れて郊外に引越し、かれこれ三年以上になる。シャルル・ド・ゴール空港とパリを繋ぐRER Bという電車に乗れば、三十分ほどでパリ中心部へと出られる至近距離なのだが、それでも心情としてすっかり「郊外の人」。パリを歩くことはめっきり少なくなり、子供が生まれてそれに拍車がかかった。今では人と会う用事がなければ、まず出かけない。

そんな「パリ離れ」の進んだ私が、初めて家族三人でリュクサンブール公園を訪れたのは二〇二三年五月。とてとて歩き出した子供の手を引き、短い散歩をした。肌寒い曇天の日だったが、観光客は多く活気があり、リュクサンブール宮殿の目の前にある円形の池では「リモコン帆船」の貸し出しも行われていた。目の前を行ったり来たりするおもちゃの船に魅了された子はそこから動かなくなり、結局池の周りでほとんどの時間をすごしたあと本当の目的地へ向かった。

リュクサンブール公園から徒歩数分、パンテオンの近くにある書店「PIPPA」。初めてパリで暮らしたワーキングホリデー時代、約八年前に出会い「お手伝い」と称して迷惑もかけていたこの本屋さんには定期的に顔を出していたが、まだ子供を紹介できていなかったのだ。

おかっぱ頭のマダムは特別に早く店を開けて待っていてくれた。ちびっ子が無遠慮に店の中を散策してもニコニコと見守り、ドアストッパーの犬のぬいぐるみを持ち上げたくらいで「Bravo!」と大袈裟に褒めてくれる。いつもの優しい笑顔で歓迎され、親戚のおばさんの家に遊びに来たような、あたたかな気持ちに満たされた。

PIPPAが出版する横長のオリジナル絵本がお気に入りの我が子に、新たな一冊をと思っていたのだが「今日の記念にプレゼントするわ」と、マダムがサッと選んでくれた。狼が好きな子のために、ヴェルサイユを舞台にした狼の仮装舞踏会の物語だ。まだちょっと難しいが、子供はイラストを指差して喜んでいる。

コロナ禍には大変な苦労があったそうだが、現在は囲碁の入門書を作っていると原稿を見せてくれた。実はマダムの息子さんはフランスやベルギーでチャンピオンにもなった囲碁棋士で、最近はPIPPAで初心者向け教室を開くなど「Go」の普及に力を入れているのだそう。「囲碁はルールが難しいけど、この本はイラストもたくさん入れて子供でも楽しく実践できるものにするわ」と熱く語るマダムの姿は、楽しいことに夢中になっている少女そのもの。本が、本屋が大好き——出会った当時から変わらない真っ直ぐな情熱に密かに感銘を受けた。

私にとって本というのは常に身近にあるもの。母が本の虫だったおかげで、幼い頃から手に届くところに本があり、読書は日常生活のひとつだった。もっぱら小説かエッセイ、詩歌。いわゆる〈役に立たない〉文芸書だ。しかしフランスに移住してからというもの、日本語で本を読む機会がめっきり減ってしまった。だからといってフランス語の小説を読み切れたことは一度しかない。アゴタ・クリストフの『Le grand cahier（悪童日記）』だ。「子供が書いた日記」という体裁を取っているため文章が比較的短く表現も直球であり、しかも一章ずつ日本語翻訳版と比較しながら読んだので苦労しなかった。結論からいうと、原文で読めたぞという自己満足には浸れたものの、改めて日本語の細やかさとニュアンスの豊富さに開眼した。翻訳があまりに素晴らしいこともあるのじゃが……なんて「だが」を「じゃが」にしただけで完璧に印象が変わってしまう言語、他に存在するのだろうか？　ただ意味を拾って読めることと、読書の喜びは全く別物だと強く意識させられる経験だった。

昔から書くことも創作も好きだった私は短歌を詠み、映画好きが昂じて仕事を辞め、大学院で脚本の勉強もした。ライターとして小銭を稼いでいたこともあった。紆余曲折を経て異国で生活を始めても、やっぱり日本語から離れられない。「パリと本屋さん」の連載を一番楽しんでいたのは書いている私自身だっただろう。

本屋さんを覗いていると、未だに「この本が日本語だったらなぁ」と詮ないことを考えてしまうこともあるが、フランス語のなかにも日本語のグラデーションのような機微を少しずつ捉えられるようになってきた……気がする。タイトルを眺めるだけでも伝わってくるものもあり、妄想力はより鍛えられた。

ふらりと入った本屋で偶然出会った一冊を手に取ってみる——その瞬間はどの国にあっても至福に変わりない。私のパリのGoogle Mapsには、行ってみたい本屋がたくさんピン留めされていて、まだまだ探検は終わりそうにない。

初出

・パリと本屋さん　H.A.Bノ冊子（エイチアンドエスカンパニー）

・Yousra　書き下ろし

パリュスあや子

神奈川県生まれ、フランス在住。広告代理店勤務を経て、東京藝術大学大学院映像研究科・映画専攻脚本領域に進学。「山口文子」名義で歌集『その言葉は減価償却されました』（二〇一五年）上梓、映画『ずぶぬれて犬ころ』（二〇一九年、本田孝義監督）脚本を担当。二〇一九年『隣人X』で第十四回小説現代長編新人賞を受賞し、二〇二三年『隣人X　疑惑の彼女』のタイトルで映画化。他の著作に『燃える息』（講談社）。

パリと本屋さん

2023年11月20日　初版発行

著・写真　パリュスあや子

デザイン　中村圭佑
校正　北村さわこ
発行者　松井祐輔
発行所　エイチアンドエスカンパニー（H.A.B）
〒210-0814　神奈川県川崎市川崎区台町13-1-202
044-201-7523（TEL）／03-4243-2748（FAX）
hello@habookstore.com　www.habookstore.com

印刷・製本　中央精版印刷株式会社
帯：ニューラグリンS（スノー）
表紙：GAバガスFS（シュガー）
見返し：Magカラ－N（ミスト）
本文：ソリストミルキー
カラー本文：雷鳥コート

本体　一九五〇円＋税

乱丁・落丁本はお取り替えいたします。

ISBN978-4-910882-05-5 C0095 N.D.C914